Estatística empresarial

COLEÇÃO ■ PRÁTICAS DE GESTÃO

Série
Finanças

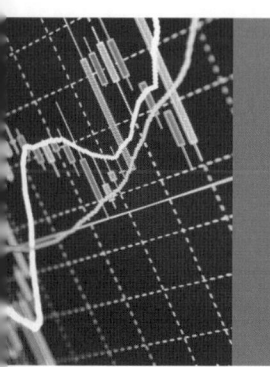

Estatística empresarial

Alexandre Alves de Seabra

FGV | EBAPE EDITORA IDE • online

Copyright © 2013 Alexandre Alves de Seabra

Direitos desta edição reservados à
Editora FGV
Rua Jornalista Orlando Dantas, 37
22231-010 I Rio de Janeiro, RJ I Brasil
Tels.: 0800-021-7777 I 21-3799-4427
Fax: 21-3799-4430
editora@fgv.br I pedidoseditora@fgv.br
www.fgv.br/editora

Impresso no Brasil I Printed in Brazil

Todos os direitos reservados. A reprodução não autorizada desta publicação,
no todo ou em parte, constitui violação do copyright (Lei nº 9.610/98).

Os conceitos emitidos neste livro são de inteira responsabilidade do(s) autor(es).

1ª edição – 2013; 1ª e 2ª reimpressões – 2015.

Revisão de originais: Sandra Frank
Projeto gráfico e editoração eletrônica: Flavio Peralta / Estudio O.L.M.
Revisão: Fátima Caroni e Fernanda Mello
Capa: aspecto:design
Imagem da capa: © Maciek905 I Dreamstime.com

Ficha catalográfica elaborada pela
Biblioteca Mario Henrique Simonsen/FGV

> Seabra, Alexandre Alves de
>
> Estatística empresarial / Alexandre Alves de Seabra. - Rio de Janeiro : Editora FGV, 2013.
>
> 120 p. – (Práticas de gestão. Série Finanças)
>
> Inclui bibliografia.
> ISBN: 978-85-225-1345-1
>
> 1. Estatística matemática. 2. Administração – Métodos estatísticos. I. Fundação Getulio Vargas. II. Título. III. Série.
>
> CDD – 658.00727

Sumário

Apresentação 7

Capítulo 1. Levantamento e representação de dados 9
    Valor da estatística para o gestor no cotidiano 9
    Levantamento de dados 12
    Escalas 16
    Tabelas 20
    Construção das distribuições de frequência 27
    Gráficos 35

Capítulo 2. Cálculo dos principais parâmetros e estatísticas 41
    Medidas de posição 41
    Mediana, moda e quartis 46
    Medidas de dispersão 52

Capítulo 3. Probabilidade 59
    Conceitos básicos 59
    Tipos de abordagens 61
    Variáveis aleatórias 65

Capítulo 4. Técnicas de estatística inferencial 87
    Noções de amostragem 87
    Estimação pontual 88
    Regressão linear simples 92

Capítulo 5. Números-índice 101
    Número-índice 101
    Índices e métodos 105
    Deflação de séries temporais 113

Bibliografia 117
Sobre o autor 119

Apresentação

A Fundação Getulio Vargas (FGV) foi fundada em 1944 com o objetivo de contribuir para o desenvolvimento do Brasil, por meio da criação e da difusão de técnicas e ferramentas de gestão. Em sintonia com esse objetivo, em 1952, a FGV, comprometida com a mudança nos padrões administrativos do setor público, criou a Escola Brasileira de Administração Pública (Ebap). Em seus mais de 60 anos de atuação, a Ebap desenvolveu competências também na área de administração de empresas, o que fez com que seu nome mudasse para Escola Brasileira de Administração Pública e de Empresas (Ebape).

A partir de 1990, a FGV se especializou na educação continuada de executivos, consolidando-se como líder no mercado de formação gerencial no país, tanto em termos de qualidade quanto em abrangência geográfica dos serviços prestados. Ao se fazer presente em mais de 100 cidades no Brasil, por meio do Instituto de Desenvolvimento Educacional (IDE), a FGV se tornou um relevante canal de difusão de conhecimentos, com papel marcante no desenvolvimento nacional.

Nesse contexto, a Ebape, centro de excelência na produção de conhecimentos na área de administração, em parceria com o programa de educação a distância da FGV (FGV Online), tem possibilitado que o conhecimento chegue aos mais distantes lugares, atendendo à sociedade, a executivos e a empreendedores, assim como a universidades corporativas, com projetos que envolvem diversas soluções de educação para essa modalidade de ensino, de *e-learning* à TV via satélite.

A Ebape, em 2007, inovou mais uma vez ao ofertar o primeiro curso de graduação a distância da FGV, o Curso Superior em Tecnologia em Processos Gerenciais, o qual, em 2011, obteve o selo CEL (teChnology-Enhanced Learning Accreditation) da European Foundation for Management Development (EFMD), certificação internacional baseada em uma série de indicadores de qualidade. Hoje, esse é o único curso de graduação a distância no mundo a ter sido certificado pela EFMD-CEL. Em 2012, o portfólio de cursos Superiores de Tecnologia a distância diplomados pela Ebape aumentou significativamente, incluindo áreas como gestão comercial, gestão financeira, gestão pública e marketing.

Cientes da relevância dos materiais e dos recursos multimídia para esses cursos, a Ebape e o FGV Online desenvolveram os livros que compõem a Coleção Práticas de

Gestão com o objetivo de oferecer ao estudante – e a outros possíveis leitores – conteúdos de qualidade na área de administração. A coleção foi elaborada com a consciência de que seus volumes ajudarão o leitor a responder, com mais segurança, às mudanças tecnológicas e sociais de nosso tempo, bem como às suas necessidades e expectativas profissionais.

Flavio Carvalho de Vasconcelos
FGV/Ebape
Diretor

www.fgv.br/ebape

Capítulo 1

Levantamento e representação de dados

Ao trabalhar os dados, a estatística fornece informações aos usuários. Desse modo, é preciso saber como adquirir e como representar esses dados. Neste capítulo, serão identificados os tipos de dados, bem como a disponibilidade destes. Serão analisados os métodos e as técnicas das estatísticas descritiva e inferencial que nos possibilitam descrever e resumir as informações de um conjunto de dados. Na representação dos dados, além dos diferentes tipos de escala, serão focalizados os gráficos e as tabelas.

Valor da estatística para o gestor no cotidiano

Como é o dia a dia de um gestor? Que tarefas ele executa?

O gestor compara medidas, avalia a produção, descreve fenômenos, diagnostica situações e identifica consequências, planeja e busca soluções, elabora o relatório final de avaliação da produção.

Veja-se o quadro a seguir:

EXEMPLO

Se os dados estatísticos mostrarem que o número de peças defeituosas, quando comparado ao mês anterior, aumentou, o gestor terá de detectar a fase problemática do processo, avaliar o estado de conservação das máquinas de corte e costura, consultar o fornecedor do tecido sobre possíveis problemas, planejar treinamento de reciclagem do pessoal.

Avaliação da produção de camisetas. São dados:	
Tipo de produto	Camiseta 100% algodão
Amostra	100 unidades
Peças com defeito	7 unidades
Mês de produção das camisetas	Março de 2012

Definição e empregos da estatística

A estatística é o ramo da matemática que analisa dados estatísticos.

> **COMENTÁRIO**
>
> Entre outros empregos, a estatística pode ser usada para descrever o desempenho de um time de futebol; apresentar informações – tais como o valor do produto interno bruto e o do índice de preços ao consumidor – nos diferentes países; descrever o desempenho das empresas, seu faturamento – ou endividamento – e o número de empregados. Quanto mais dados são analisados e interpretados, mais o ambiente é entendido. Com isso, melhores decisões são tomadas. Por isso, a essência da estatística é a observação.

A estatística pode ajudar o usuário a tirar conclusões a partir daquilo que é observado.

Pode-se, por exemplo, obter mais informações sobre o que está acontecendo no setor de produção de uma empresa especializada em produzir caixas de papelão; para isso, é necessário coletar, organizar e resumir informações, isto é, verificar quantas caixas estão boas, quantas foram estragadas, enfim, é preciso *descrever* a situação.

Além de descrever a situação, é necessário entender por que ela está acontecendo. Para tal, faz-se mister analisar algumas dessas caixas, identificar suas características e, a partir daí, avaliar o que está acontecendo com todas elas, ou seja, é preciso *determinar as propriedades de uma parte para estimar o que acontece com o todo.*

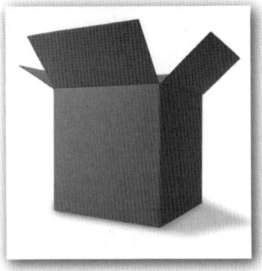

Divisão da estatística

A ciência estatística divide-se em duas áreas, a saber: estatística descritiva e estatística inferencial.

A primeira coleta, critica, organiza, resume e apresenta dados; a segunda estima propriedades da população a partir do estudo detalhado das propriedades de uma pequena parte desta, isto é, de uma amostra.

Estatística descritiva

Ramo da estatística que utiliza técnicas analíticas para resumir o conjunto de todos os dados coletados na investigação a valores numéricos mensuráveis.

> **COMENTÁRIO**
>
> Os métodos e as técnicas da estatística descritiva possibilitam-nos descrever e resumir as informações a partir de um conjunto de dados. Para melhor compreender essas informações, é necessário reunir e apresentar os dados de forma clara, transformar os dados em números, registrar os números em tabelas ou gráficos.

Considerem-se, a título ilustrativo, que os dados relativos aos prêmios recebidos pelas principais seguradoras do Brasil podem ser apresentados em tabelas e gráficos:

A TABELA

Prêmio recebido – em R$	Nº de empresas	Percentual de empresas (%)
Abaixo de **10.000**	13	14
De **10.000** a **50.000**	23	25
De **50.001** a **100.000**	14	15
De **100.001** a **500.000**	26	28
Acima de **500.000**	17	18
Total	93	100

Fonte: *Conjuntura Econômica*, v. 59, n. 5.

O GRÁFICO

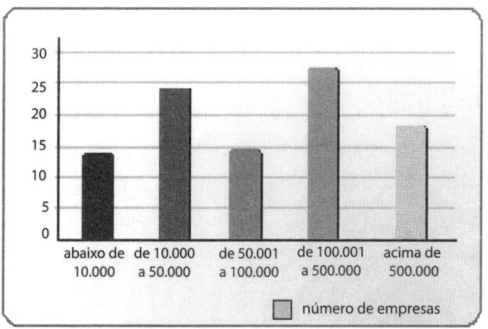

Fonte: *Conjuntura Econômica*, v. 59, n. 5.

Além de tabelas e gráficos, é possível sintetizar os dados, a partir de valores numéricos, por meio de estatísticas descritivas numéricas, entre as quais a mais comum é a média aritmética.

Estatística descritiva numérica

Os levantamentos estatísticos geram uma quantidade de dados que, se não sintetizados, são difíceis ou até impossíveis de ser analisados. Para uma análise eficiente é necessário representar o conjunto de dados através de um ou alguns poucos valores. Esses números são conhecidos como parâmetros, quando se referem a uma população, ou estatísticos quando determinados através de uma amostra.

> **EXEMPLO**
>
> Podem-se apresentar – com um único valor – os dados do prêmio recebido pelas melhores seguradoras do Brasil. Para tal, deve-se calcular o *prêmio médio anual recebido* dessas seguradoras.

Adiante, o estudo da média aritmética será aprofundado.

Estatística inferencial

A estatística inferencial é a área da estatística que, por meio de levantamento, redução, análise e modelagem dos dados de uma amostra de determinada população, estima propriedades dessa mesma população.

A probabilidade e a estatística estão estreitamente relacionadas. Assim, se o usuário sabe como um processo funciona e deseja predizer seus resultados, pode usar a probabilidade para calcular as chances de ocorrência de um evento; por outro lado, se não sabe como um processo funciona, pode usar a estatística para observar os resultados de um evento e, dessa forma, melhor conhecer a natureza de um processo. Para compreender a inferência estatística, é preciso aprofundar o estudo da probabilidade, o que será feito mais à frente.

Levantamento de dados

Dados são os fatos ou números – coletados, analisados e sintetizados – que deverão ser interpretados por meio dos métodos estatísticos, já que estes analisam e interpretam números.

Os dados para estudos estatísticos são obtidos por meio de observação e mensuração das características dos indivíduos de uma população.

> **EXEMPLO**
>
> A renda mensal das famílias, o número de peças defeituosas de um equipamento ou o QI dos indivíduos de um determinado grupo são exemplos desses dados.

Para realizar um estudo estatístico, é possível utilizar dados já coletados por outras pessoas, coletar nossos próprios dados, utilizar os dados coletados em um censo. Convém ressaltar que – muito diferente de uma amostra, que é um conjunto particular de dados coletados em uma população – o censo apresenta os dados coletados em toda a população.

> **EXEMPLO**
>
> A pesquisa mensal de preços que a Fundação Getulio Vargas faz nos supermercados é um levantamento de dados que serve ao cálculo do índice de preços ao consumidor (IPC).

Em muitas situações, as empresas necessitam de vários tipos de informação, como total de empregados de outras empresas, número de famílias, produtos, clientes, entre outras. Para obtê-las, é preciso fazer um estudo estatístico, como pesquisar os dados de toda a população. No entanto, em função do custo, do tempo ou, até mesmo, da natureza descritiva da pesquisa, é mais viável levantar apenas os dados de uma amostra, ou seja, dados que representem determinada população.

> **EXEMPLO**
>
> Quanto tempo levaria um profissional para avaliar o tempo de vida útil das lâmpadas se tivesse de testar todas elas? Sobraria alguma lâmpada para vender? A partir de algumas lâmpadas apenas, ele poderia avaliar, por meio de técnicas estatísticas, o tempo de vida útil de todas as lâmpadas produzidas por determinado fabricante, ou seja, não seria preciso esperar que todas as lâmpadas queimassem para avaliá-las.

População

População é o conjunto de todos os indivíduos – cujo comportamento se deseja analisar – que apresentam, pelo menos, uma característica comum. Apresentadas, essas características são transformadas em valores denominados *parâmetros*, que, por sua vez, podem ser divididos em fixos e desconhecidos.

> **PARÂMETROS FIXOS**
> O parâmetro é dito fixo quando não pode ser definido como tendo uma distribuição de valores possíveis.
>
> **PARÂMETROS DESCONHECIDOS**
> O parâmetro é desconhecido quando seu valor é desconhecido na população.

Para realizar um censo sobre a renda das famílias brasileiras, por exemplo, pode-se definir *população* como *o conjunto que contém todas as famílias residentes no território brasileiro*, conforme a imagem a seguir:

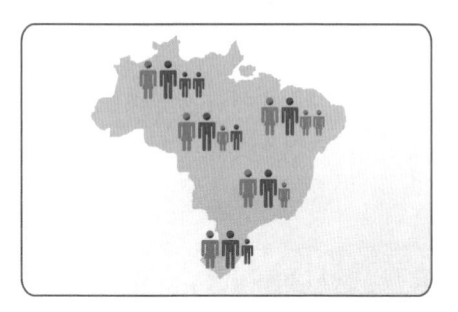

A característica estudada seria a renda dessas famílias:

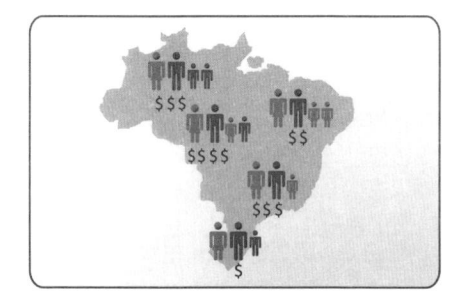

O parâmetro da característica estudada seria a renda média dessas famílias:

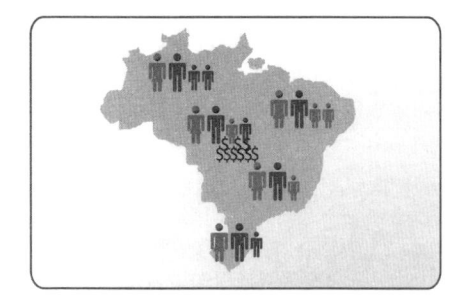

É possível definir, também, outra população para esse estudo, por exemplo, apenas as *famílias que moram no município do Rio de Janeiro*.

Amostra

Amostra é um subconjunto, ou seja, uma parte selecionada do total de indivíduos de uma população. Por meio dos valores extraídos da observação das características de interesse – estatísticas – de uma amostra, é possível fazer inferências sobre os parâmetros verdadeiros de uma população.

Com os dados de algumas famílias do total de famílias que moram no Brasil, ou seja, com uma amostra dessa população, pode-se determinar a estatística *renda média da amostra*. Baseados nessa estatística, é possível fazer suposições sobre um parâmetro dessa população, nesse caso, a renda média das famílias brasileiras.

> **COMENTÁRIO**
>
> Embora esse parâmetro – renda média das famílias brasileiras – seja verdadeiro, não é conhecido. Logo, é preciso coletar dados para estudá-lo.

Dados primários e secundários

Dados primários são os dados coletados pelo próprio pesquisador para realizar sua pesquisa.

Como cada pesquisa tem sua especificidade, uma das vantagens dos dados primários é o fato de eles serem coletados especificamente para determinada pesquisa. Por meio da coleta de dados primários, é possível controlar os erros porventura cometidos nos levantamentos de dados já realizados. Entre outros meios, dados primários podem ser obtidos observando, experimentando, aplicando questionários e buscando fontes de documentação.

Dados secundários são os dados obtidos em outras fontes, isto é, não são coletados diretamente pelo pesquisador.

O levantamento prévio das possíveis fontes de dados secundários permite mais rapidez e economia na utilização das informações que daí decorrem, ou seja, pode-se economizar tempo e dinheiro na coleta de dados. Como os dados secundários podem ter sido definidos com propósitos diferentes daqueles do pesquisador, podem não se adequar aos objetivos de sua pesquisa. Por isso, é necessário verificar se os dados secundários estão adequados ao estudo que será realizado – ou se esse estudo pode adequar-se a eles. Para saber se os dados secundários estão adequados à sua pesquisa, deve o profissional verificar, além do nível de desagregação, a definição, a finalidade, a frequência, a temporalidade e a exatidão desses dados, pois os resultados de sua pesquisa dependem dessa adequação.

Os dados secundários podem ser obtidos por meio de estatísticas oficiais, não oficiais ou encomendadas a empresas especializadas.

NÍVEL DE DESAGREGAÇÃO
Designa a separação de partes que estavam agregadas.

Variáveis

Os *dados* são fatos ou números coletados, analisados e sintetizados que deverão ser interpretados.

O método de análise ou a forma de apresentação dos dados depende – na maior parte das vezes – do tipo de dado com que se trabalha. Quando se mede uma característica em determinada quantidade de indivíduos, os valores obtidos tendem a apresentar certo grau de variabilidade.

CONCEITO-CHAVE
Os valores possíveis de uma característica são denominados *variáveis*.

Escalas

Ressalte-se que medir é o mesmo que *calcular*. Assim, *medir* o valor de uma variável de um indivíduo significa, de modo simplificado, estabelecer a posição desse valor em uma escala.

Quando se observa a característica *sexo* dos indivíduos de uma população, por exemplo, nota-se que só há duas possibilidades de classificação: *masculino* ou *feminino*. Outras características, no entanto, permitem uma análise mais rica. Por exemplo, se a *idade* dos indivíduos for avaliada em anos, é possível ordená-los da menor para a maior idade:

Se um indivíduo tem 20 anos e outro, 10, o primeiro tem o dobro da idade do segundo:

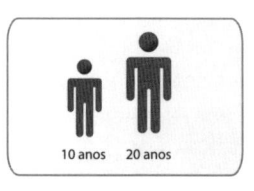

Logo, as idades dos indivíduos podem ser organizadas em uma escala:

Tipos de escalas

Ao medir o valor de uma variável de um indivíduo, é possível utilizar quatro tipos de escala: nominal, ordinal, intervalar e de razão.

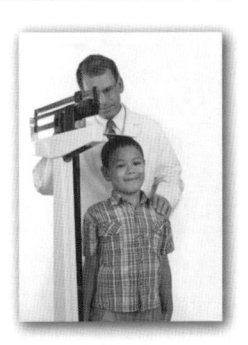

Escala nominal

A escala nominal – a mais simples das escalas – é aquela obtida quando a variável é utilizada apenas para classificar o indivíduo. Logo, os possíveis valores de uma variável são apenas nomes que expressam características individuais, tais como: estado civil, sexo, nacionalidade e profissão.

EXEMPLO

A partir de um estudo sobre orçamentos familiares – realizado pela Fundação Getulio Vargas no período de 2002 a 2003 –, foi pesquisado o sexo do chefe da família. Em determinado bairro do Rio de Janeiro, foram pesquisados 50 domicílios. Segundo essa pesquisa, a distribuição dos sexos dos chefes de domicílio pode ser representada por uma escala nominal de dados:

Chefes de domicílio – distribuição por sexo	
Sexo	Frequência
Masculino	37
Feminino	13
Total	50

Escala ordinal

A escala ordinal é aquela que, além de nomear as categorias de uma variável, ordena essas categorias de acordo com os seguintes parâmetros de determinada característica: *maior que* ou *menor que*.

É possível avaliar os indivíduos de acordo com sua categoria socioeconômica: classe alta, classe média ou classe baixa. Embora a classe média seja superior à baixa, não se pode afirmar que aquela está mais próxima desta do que da classe alta. Logo, não é possível determinar a distância entre as categorias.

EXEMPLO

Um grupo de 40 estudantes foi aprovado no vestibular. A distribuição do nível de instrução dos pais desses estudantes está representada no quadro a seguir:

Grau de instrução	Frequência
Analfabeto	1
Ensino fundamental	8
Ensino médio	18
Ensino superior	9
Pós-graduado	4
Total	40

Escala intervalar

A escala intervalar é aquela que, além de ordenar categorias, permite que o profissional verifique quanto mede a distância entre elas. No entanto, falta à escala intervalar a determinação de uma unidade de medida unitária e o zero absoluto.

A medida de temperatura de 0°C (zero grau Celsius) não significa ausência de calor.

O *zero* é o ponto de congelamento da água nas condições normais de temperatura e pressão.

A conversão dos valores Celsius (C) em Fahrenheit (F) dá-se por meio da seguinte relação:

UNIDADE DE MEDIDA UNITÁRIA

Grandeza específica, definida e adotada por convenção, com a qual outras grandezas de mesma natureza são comparadas para expressar suas magnitudes em relação àquela grandeza.

ZERO ABSOLUTO

O zero total indica a ausência da característica que está sendo avaliada. Por exemplo, quando dizemos que determinado alimento possui 0% de gordura, estamos afirmando que não existe gordura neste alimento.

$$C = (5F - 160)/9$$

Dessa forma, pode-se afirmar que a temperatura de 0°C equivale à de 32°F.

Somar 32 a qualquer medida da escala Fahrenheit não dará como resultado a própria medida.

Logo, o valor *zero* não é uma medida fixa.

> **COMENTÁRIO**
> Devido à falta de uma unidade unitária, a escala intervalar não pode estabelecer relações de proporcionalidade entre as observações feitas.

> **EXEMPLO**
> As medidas indicadoras de inteligência (QI) de três alunos são, respectivamente, 150, 125 e 75.
>
> **Observações:**
> a) é verdade que o segundo aluno tem sua medida de inteligência (125) mais próxima da do primeiro aluno (150) do que da do terceiro aluno (75);
> b) não é verdade que o primeiro aluno (150) seja duas vezes mais inteligente do que o terceiro (75).

Escala de razão

A escala de razão é aquela que, além de incorporar todas as propriedades da escala intervalar, permite estabelecer relações de razão e proporção entre os valores observados. Isso é possível devido à existência do zero absoluto e de uma unidade unitária de medida. É, portanto, a escala mais rica.

Grande parte das variáveis de interesse pode ter seu nível de mensuração expresso na escala de razão. São exemplos de variáveis de interesse: peso, idade, salários, comprimento e taxa de crescimento. Assim, a variável idade – medida em anos – é uma escala de razão, pois uma idade igual a zero significa que o indivíduo (ou o objeto) não existe. Além disso, um indivíduo (ou objeto) com 10 anos é três vezes mais novo do que um com 30.

Dados qualitativos e quantitativos

Dados qualitativos são aqueles expressos pelos níveis de mensuração nominal e ordinal; são aqueles nos quais a variável assume valores por categoria ou rótulo, ou seja, são dados não numéricos. Cabe ressaltar que, na maioria das vezes, os dados qualitativos são obtidos por meio de pesquisas qualitativas.

> **EXEMPLO**
>
> A Fundação Getulio Vargas calcula, mensalmente, o *índice de confiança do consumidor* por meio de uma pesquisa com consumidores. Para tal, compara a situação atual à situação anterior e ao período futuro:
>
> Você pretende gastar nos próximos três meses:
>
> a) mais que nos três meses anteriores;
>
> b) menos que nos três meses anteriores;
>
> c) a mesma quantia.
>
> *A opinião do entrevistado é uma variável qualitativa.*

Dados quantitativos são aqueles expressos por variáveis com níveis de mensuração intervalar ou de razão. As variáveis quantitativas podem ser classificadas como: (a) *discretas* – quando assumem um número finito de valores, ou seja, valores inteiros que podem ser contados, como o número de erros em um livro – 0, 1, 2, 3, 4; (b) *contínuas* – quando assumem um número infinito de valores, como o peso, pois um indivíduo poderá ter 70,5 kg, 70,572 kg, 70,565 kg, em uma progressão teoricamente infinita.

Uma característica estudada pela pesquisa sobre orçamentos familiares, feita pela FGV, é a renda do domicílio. *Renda* é uma variável quantitativa.

Tabelas

Os dados vêm, em geral, desorganizados; desse modo, antes de começar a analisá-los, é preciso dar a eles algum tratamento, pois somente assim é possível conseguir um conjunto significativo de informações para avaliar o comportamento de um fenômeno.

A *apresentação tabular* é uma apresentação numérica que consiste em dispor os dados em linhas e colunas, distribuídas de modo ordenado, segundo determinadas regras.

A organização dos dados em tabelas permite visualizar mais facilmente o comportamento de determinada característica, como no exemplo a seguir:

Variação (%) mensal do preço recebido pelos agricultores – lavoura de feijão – Brasil	
Período	Variação % em relação ao mês anterior
Setembro/2005	-3,68
Outubro/2005	-3,05
Novembro/2005	-1,57
Dezembro/2005	3,20
Janeiro/2006	0,00

Fonte: *Conjuntura Econômica*, jun. 2006.

Séries estatísticas

Séries estatísticas são dados estatísticos dispostos em tabelas, de acordo com algum critério de ordenação. As séries estatísticas são compostas por três elementos principais:

- tempo – caracteriza a época em que se deu o fato;
- espaço – local onde se passou o fato;
- espécie – características do fato descrito.

Ao sofrerem variações, esses três elementos podem ser classificados, respectivamente, como: séries temporais ou cronológicas; séries geográficas, espaciais ou territoriais; séries especificativas.

Séries temporais

As séries *temporais* ou *cronológicas* são aquelas em que o tempo varia, mas o espaço e a espécie são fixos.

De acordo com a tabela a seguir, o local é o mesmo, ou seja, Brasil; a espécie também é a mesma, isto é, feijão; contudo, o tempo muda – os períodos vão de setembro de 2005 a janeiro de 2006.

Variação (%) mensal do preço recebido pelos agricultores – lavoura de feijão – Brasil	
Período	Variação % em relação ao mês anterior
Setembro/2005	-3,68
Outubro/2005	-3,05
Novembro/2005	-1,57
Dezembro/2005	3,20
Janeiro/2006	0,00

Fonte: *Conjuntura Econômica*, jun. 2006.

Séries geográficas

As séries *geográficas*, *espaciais* ou *territoriais* são aquelas em que apenas o local varia; o tempo e a espécie permanecem fixos.

Veja-se a tabela:

Variação (%) do índice de preços ao consumidor (IPC) abril 2006	
Local	Variação % em relação ao mês anterior
Rio de Janeiro	0,36
São Paulo	0,12
Belo Horizonte	0,60
Porto Alegre	1,01
Salvador	0,22
Recife	0,91
Brasília	0,38

Fonte: Instituto Brasileiro de Economia/FGV.

De acordo com a tabela, o tempo é o mesmo (abril de 2006); a espécie também é a mesma (índice de preços ao consumidor); no entanto, *o local não é o mesmo*.

Séries especificativas

As séries *especificativas* são aquelas em que apenas a espécie do fato observado varia; o tempo e o espaço permanecem fixos.

Veja-se a tabela:

Lucro líquido (%) de participação dos setores nas 500 maiores S. A. Brasil – 2005	
Setor	Percentual de participação
Energia elétrica	12
Metalurgia	18
Mineração	15
Petróleo	24
Outros	31

Fonte: *Conjuntura Econômica*, ago. 2006.

De acordo com a tabela, o tempo é o mesmo (2005); o local também (Brasil); entretanto, *a espécie muda* (note-se que o quadro mostra o lucro líquido de alguns *setores da economia*).

Distribuição por frequências

A distribuição por frequências é um tipo de série que apresenta a graduação – ou as classes – do fato observado; os demais elementos – tempo, local e espécie – permanecem fixos.

A tabela mostra que o tempo é o mesmo (2005); o local também, ou seja: uma empresa; a espécie (salário) é a mesma; contudo, os empregados são distribuídos por faixa salarial, e esta está graduada.

Distribuição dos empregados por faixa salarial – situação em dezembro de 2005	
Faixa salarial – em número de salários mínimos	Número de empregados
1 a 4	600
4 a 8	1.200
8 a 12	980
12 a 16	760
16 a 20	280
20 a 24	128
24 a 28	12
Total	3.960

Fonte: Departamento de RH da empresa A.

Séries conjugadas

Em sua maior parte, as séries estatísticas podem ser conjugadas. Com isso, possibilitam-nos várias combinações.

Veja-se a tabela:

TAXA DE DESEMPREGO ABERTO (%) – PRINCIPAIS REGIÕES METROPOLITANAS

Período	Rio de Janeiro	São Paulo	Belo Horizonte	Porto Alegre
2000	5,25	7,45	7,78	7,17
2001	5,80	7,76	8,50	6,34
2002	10,05	12,71	10,76	8,75
2003	9,19	14,08	10,83	9,46

Fonte: *Conjuntura Econômica*, ago. 2006.

A tabela apresenta uma conjugação da série geográfica com a série histórica: o local não é o mesmo (principais regiões metropolitanas); o tempo também não é o mesmo (anos de 2000 a 2003); no entanto, a espécie não varia (taxa de desemprego).

Elementos de uma tabela: essenciais e complementares

Os elementos *essenciais* de uma tabela são:

- *título* – é a indicação que precede a tabela e designa o fato observado:

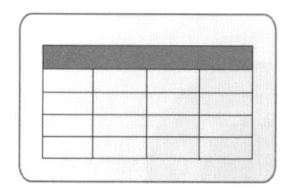

- *corpo* – é o conjunto de colunas e linhas da tabela. Em ordem vertical e horizontal, apresenta informações sobre o fato observado:

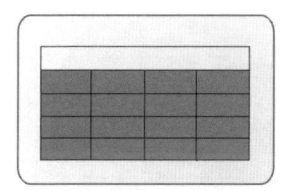

- *casa* – é o cruzamento de uma coluna com uma linha. Apresenta um número ou um sinal convencional, ou seja, nunca deve ficar nada em branco em uma tabela:

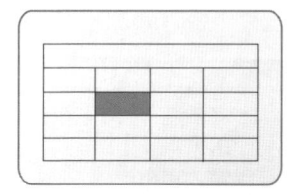

- *cabeçalho* – é a parte superior da tabela. Especifica o conteúdo das colunas:

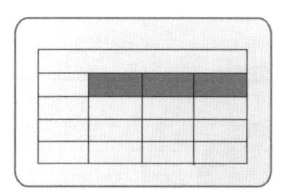

- *coluna indicadora* – é a parte da tabela que especifica o conteúdo das linhas:

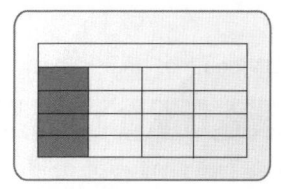

Os elementos *complementares* de uma tabela são:

- *fonte* – indica a entidade responsável pelo fornecimento dos dados ou pela elaboração da tabela:

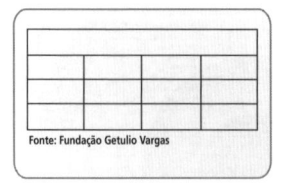

- *nota* – fornece informações gerais que esclarecem o conteúdo de uma tabela ou indicam a metodologia adotada no levantamento ou na elaboração dos dados:

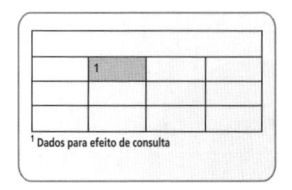

- *chamada* – fornece informações específicas sobre determinada parte da tabela destinada a conceituar ou esclarecer dados:

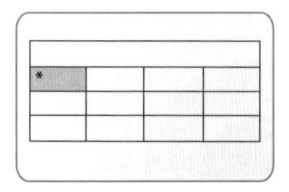

Sinais convencionais

Na tabela, são utilizados os seguintes sinais convencionais:

Sinal	Quando usar
–	Quando o valor numérico ou a casa tiverem de ficar em branco, pela natureza do fenômeno.
nd	Quando não houver dado.
0, 0,0 0,00	Quando o valor numérico não exceder a metade da unidade ou da fração decimal adotada para a expressão do dado.

x	Quando o dado for omitido, a fim de evitar a individualização das informações.
*	Quando o dado for provisório.
§	Quando o dado, ainda provisório, retificar informação publicada anteriormente.
r	Quando o dado retificado for considerado definitivo.
?	Quando o dado for duvidoso.

É necessário observar tanto a localização dos elementos essenciais da tabela quanto a dos complementares:

TAXA DE DESEMPREGO ABERTO* (%) – PRINCIPAIS REGIÕES METROPOLITANAS

Período	Rio de Janeiro	São Paulo	Belo Horizonte	Porto Alegre
2000	5,25	7,45	7,78	7,17
2001	5,80	7,76	8,50 – casa	6,34
2002	10,05	12,71	10,76	8,75

Fonte: *Conjuntura Econômica*, ago. 2006.
* A partir de setembro de 2001, medido pela nova metodologia da PME.

Construção das distribuições de frequência

Quando, através de um levantamento de dados, os resultados de uma variável tomarem valores repetidos ou puderem ser contados em intervalos, podemos apresentar esses dados de forma resumida através das distribuições de frequências.

Dados em escala nominal e ordinal

Veja-se a tabela a seguir:

DADOS DE UMA AMOSTRA DE 50 PEDIDOS DE REFRIGERANTE

Cliente	Refrigerante pedido	Cliente	Refrigerante pedido	Cliente	Refrigerante pedido
1	Coca-Cola	18	Sprite	35	Guaraná Antarctica
2	Coca-Cola *light*	19	Coca-Cola	36	Coca-Cola
3	Guaraná Antarctica	20	Coca-Cola *light*	37	Coca-Cola
4	Coca-Cola *light*	21	Coca-Cola	38	Coca-Cola

Cliente	Refrigerante pedido	Cliente	Refrigerante pedido	Cliente	Refrigerante pedido
5	Coca-Cola	22	Coca-Cola *light*	39	Guaraná Antarctica
6	Coca-Cola	23	Coca-Cola	40	Fanta
7	Fanta	24	Sprite	41	Coca-Cola
8	Coca-Cola *light*	25	Guaraná Antarctica	42	Coca-Cola *light*
9	Guaraná Antarctica	26	Coca-Cola	43	Guaraná Antarctica
10	Guaraná Antarctica	27	Coca-Cola	44	Guaraná Antarctica
11	Fanta	28	Coca-Cola	45	Guaraná Antarctica
12	Sprite	29	Guaraná Antarctica	46	Guaraná Antarctica
13	Sprite	30	Coca-Cola	47	Coca-Cola *light*
14	Coca-Cola	31	Sprite	48	Fanta
15	Coca-Cola *light*	32	Fanta	49	Guaraná Antarctica
16	Coca-Cola	33	Guaraná Antarctica	50	Sprite
17	Coca-Cola	34	Coca-Cola *light*		

Os dados em escala nominal e ordinal somente podem ser apresentados por meio da distribuição de frequências por valor.

Por exemplo, em um restaurante, durante o almoço, alguns refrigerantes foram solicitados por 50 clientes:

DISTRIBUIÇÃO DE FREQUÊNCIAS DOS PEDIDOS
DE REFRIGERANTE NA HORA DO ALMOÇO

Refrigerante	Frequência
Coca-Cola	17
Coca-Cola *light*	9
Fanta	5
Guaraná Antarctica	13
Sprite	6
Total	**50**

Para fazer a distribuição de frequências, basta contar o número de vezes que cada refrigerante aparece no conjunto de dados. Seguem esses dados dispostos em uma tabela:

DISTRIBUIÇÃO DE FREQUÊNCIAS DOS PEDIDOS
DE REFRIGERANTE NA HORA DO ALMOÇO

Refrigerante	Frequência	Frequência relativa	Frequência relativa %
Coca-Cola	17	0,34	34
Coca-Cola *light*	9	0,18	18
Fanta	5	0,1	10
Guaraná Antarctica	13	0,26	26
Sprite	6	0,12	12
Total	50	1,00	100

A distribuição de frequências apresenta o número de ocorrências de cada classe, isto é, os possíveis resultados da característica estudada. Entretanto, muitas vezes há interesse em conhecer a distribuição percentual dessas possíveis ocorrências, ou seja, sua *frequência relativa*.

Sabe-se que *a frequência relativa de cada classe é sua proporção*, como visto na tabela acima.

A partir dessa observação, conclui-se que *a frequência relativa é a razão entre a frequência da classe e a frequência total*.

Por exemplo, a frequência relativa dos pedidos de Coca-Cola é igual a 17 ÷ 50. Para obter as frequências relativas percentuais, é preciso multiplicar cada frequência relativa por 100; portanto, a frequência relativa percentual da Coca-Cola é *0,34 × 100 = 34%*.

Para dados em escala ordinal, é preciso calcular a *frequência acumulada* até cada uma das classes.

Tomemos como exemplo uma amostra de 600 funcionários de uma empresa, classificados por nível de instrução:

> **FREQUÊNCIA ACUMULADA**
>
> Número de vezes que uma variável assume um nível inferior ou igual a determinado valor.

DISTRIBUIÇÃO DOS FUNCIONÁRIOS DA EMPRESA CONFORME O NÍVEL DE ESCOLARIDADE

Nível de escolaridade	Frequência	Frequência relativa (%)	Frequência acumulada	Frequência relativa acumulada (%)
Sem formação	12	2 = 12 ÷ 600	12	2 = 12 ÷ 600
Ensino fundamental	54	9 = 54 ÷ 600	66 = 12 + 54	11 = 66 ÷ 600
Ensino médio	126	21 = 126 ÷ 600	192 = 66 + 126	32 = 192 ÷ 600
Ensino superior	258	43 = 258 ÷ 600	450 = 192 + 258	75 = 450 ÷ 600
Pós-graduação	150	25 = 150 ÷ 600	600 = 450 + 150	100 = 600 ÷ 600
Total	600	100	–	–

Dados em escala de razão

As melhores formas de representação tabular para dados em escala de razão são a distribuição de frequências por valor e a distribuição de frequências por classes de valores. Usa-se a primeira para variáveis discretas.

Distribuição de frequências por valor

Suponha-se, como exemplo, uma empresa que criou um índice para medir a produtividade de seus empregados. Em uma amostra com 30 empregados, foram obtidos os seguintes escores para cada um:

Escores									
24	23	22	28	25	21	23	23	24	24
21	25	26	26	22	30	22	25	26	23
24	21	21	25	21	26	25	25	23	21

Pode-se organizar, então, a seguinte distribuição de frequências por valor para esses dados:

DISTRIBUIÇÃO DOS EMPREGADOS DA EMPRESA
CONFORME ÍNDICE DE PRODUTIVIDADE

Índice de produtividade	Frequência – n° de empregados
21	6
22	3
23	5
24	4
25	6
26	4
28	1
30	1
Total	30

Distribuição de frequências por classes de valores

A segunda (distribuição de frequências por classes de valores) é usada quando se trabalha com variáveis contínuas e quando – para o caso de variáveis discretas – se tem um número grande de observações.

Notam-se variáveis discretas quando se observa, por exemplo, a distribuição do número de passageiros, por voo, no desembarque doméstico de um aeroporto durante o mês de janeiro de 2006:

N° de passageiros por voo	N° de voos
Até 50	25
50 |--- 100	130
100 |--- 150	95
Total	250

Por outro lado, considerando a distribuição de frequências dos salários semanais, em reais, de 65 empregados da Companhia F&G, observam-se variáveis contínuas:

Salários em R$	Nº de empregados
500 |--- 600	8
600 |--- 700	10
700 |--- 800	16
800 |--- 900	14
900 |--- 1000	10
1000 |--- 1100	5
1100 |--- 1200	2
Total	65

COMENTÁRIO

Não há uma regra rígida para construir uma distribuição de frequências por classes de valores; no entanto, alguns procedimentos podem facilitar essa distribuição. São eles: número, amplitude, limite, ponto médio, rol e distribuição por classes de valores.

Cálculo do número de classes

A escolha do número de classes depende do número de observações. Fonseca (1992) apresenta-nos duas fórmulas para o cálculo do número de classes. Assim, para **k** = número de classes e **n** = número de observações, segue a primeira e, na sequência, a segunda, cujo nome é *fórmula de Sturges*:

$$k=5 \text{ para } n \leqslant 25 \text{ e } k \cong \sqrt{n} \text{ para } n > 25$$

Sturges:

$$k \cong 1 + 3{,}322 \log_n$$

Apesar dessas duas fórmulas, a determinação do número de classes é subjetiva e deve permanecer entre cinco e 10 classes. Além disso, classes com número pequeno de observações devem ser evitadas.

Cálculo da amplitude das classes

As classes não precisam ter a mesma amplitude, mas, para simplificar – e também facilitar a apresentação gráfica –, devem ter intervalos constantes. A amplitude das classes depende, ainda, da amplitude total, que é a diferença entre o maior e o menor valor observados:

> **JAIRO SIMON DA FONSECA**
>
> Professor titular do Departamento de Administração da Faculdade de Administração, Economia e Contabilidade da USP – FEA-USP. Publicou, junto com outros autores, os livros *Curso de estatística* e *Estatística aplicada*.

$$h = \frac{\text{amplitude total}}{k} = \frac{\text{Máx - min}}{k}$$

Ou seja, **h** é a amplitude das classes; **k**, o número de classes; **Máx**, o maior valor observado; **min**, o menor valor observado.

Identificação do limite das classes

Existem diversas maneiras de representar os limites das classes; contudo, a mais usual considera o primeiro valor como *limite inferior da classe* e o segundo valor como *limite superior da classe*:

- **20 |---| 30** – compreende os valores entre 20 e 30 e inclui ambos;
- **20 --- 30** – compreende os valores entre 20 e 30, mas exclui ambos;
- **20 ---| 30** – compreende os valores entre 20 e 30, mas inclui o valor 30 e exclui o 20;
- **20 |--- 30** – compreende os valores entre 20 e 30, mas inclui o valor 20 e exclui o 30.

Cálculo do ponto médio das classes

O ponto médio é a média aritmética entre o limite superior e o limite inferior da classe. Assim, o ponto médio da classe 20 |--- 30 é 25, conforme o cálculo a seguir:

$$Pm = \frac{20 + 30}{2} = 25$$

Rol

Uma amostra de 40 pessoas de determinada população apresentou as seguintes idades em anos completos:

```
69 57 72 54 85 68 72 58 64 62
65 76 60 49 74 59 66 83 70 45
60 81 71 67 63 64 53 73 81 50
67 68 53 75 65 58 80 60 63 53
```

Estes são os chamados *dados brutos*.

Para facilitar a análise, ordenam-se os dados em ordem crescente, o que dá origem a uma série chamada *rol*:

```
45 49 50 53 53 53 54 57 58 58
59 60 60 60 62 63 63 64 64 65
65 66 67 67 68 68 69 70 71 72
72 73 74 75 76 80 81 81 83 85
```

Para distribuir por classes de valores um grupo de 40 pessoas (n = 40), por exemplo, é preciso estabelecer o número de classes dessa distribuição. Com isso, tem-se a seguinte amplitude de classes:

$$h = \frac{85-45}{7} = 5{,}71 \cong 6$$

Se forem utilizados os limites de classe do tipo **a|--- b**, o limite inferior da primeira classe será o menor valor da série, com o que obtém-se a seguinte distribuição por classes de valores:

Classes de idades	Número de alunos	
45 |--- 51	3	(45, 49, 50)
51 |--- 57	4	(53, 53, 53, 54)
57 |--- 63	8	(57, 58, 58, 59, 60, 60, 60, 62)
63 |--- 69	11	(63, 63, 64, 64, 65, 65, 66, 67, 67, 68, 68)
69 |--- 75	7	(69, 70, 71, 72, 72, 73, 74)
75 |--- 81	3	(75, 76, 80)
81 |--- 87	4	(81, 81, 83, 85)
Total	40	

Gráficos

As representações gráficas apresentam, rapidamente, informações sobre o comportamento de uma característica da população em estudo. Existem várias formas de representar graficamente os valores observados; contudo, é preciso se preocupar com a veracidade, a clareza e a simplicidade da apresentação das informações. Assim, a representação deve ser capaz de apresentar os dados de forma objetiva.

Por outras palavras, para cumprir sua finalidade, o gráfico deve ser *simples* – para possibilitar visão rápida do fenômeno; *claro* – para possibilitar uma leitura correta dos elementos que representa; *verdadeiro* – para mostrar a verdade do fato analisado; *preciso* – para indicar os dados com precisão.

Os principais tipos de gráficos são apresentados a seguir:

- *diagramas* – gráficos geométricos de duas dimensões:

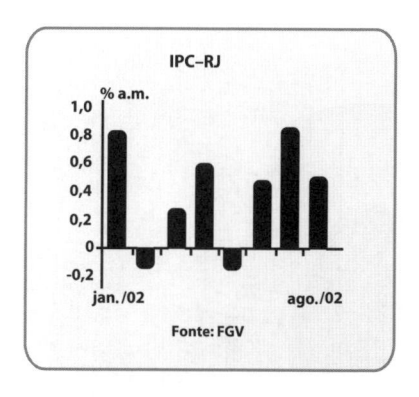

- *cartogramas* – ilustrações sobre cartas ou mapas geográficos:

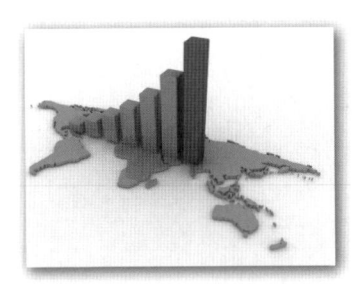

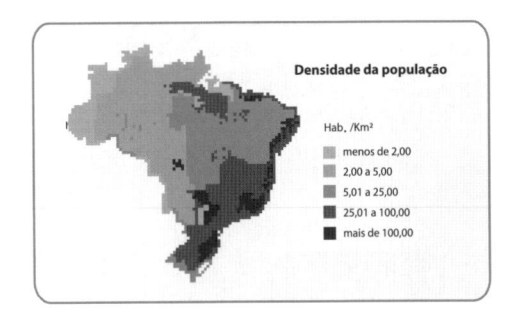

Fonte: IBGE.

- *estereogramas* – representações por meio de volumes:

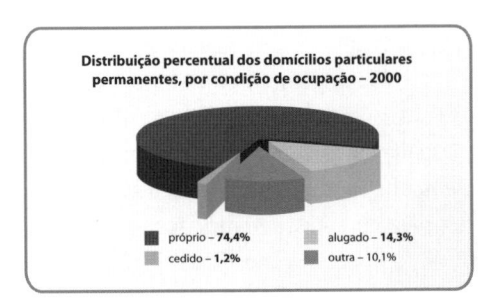

Fonte: IBGE.

- *pictogramas* – representações por meio de símbolos (figuras humanas, árvores, animais).

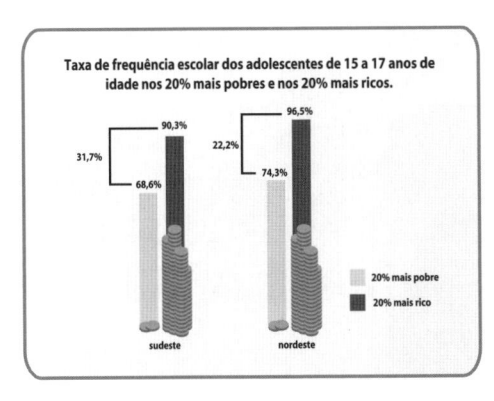

Fonte: IBGE.

Principais elementos de um gráfico

Um gráfico deve ser autoexplicativo, isto é, deve conter todos os elementos necessários ao seu entendimento. Com isso, o usuário fica dispensado da obrigação de recorrer ao texto ou à tabela que deu origem àquele gráfico.

Para isso, o gráfico deve conter título – descrição exata do fato observado, do local e da época de referência; escala e numeração adequadas – representação precisa das grandezas a serem mostradas; legenda – informação necessária à interpretação do gráfico (se não houver necessidade de tal informação, não haverá legenda).

Veja-se o exemplo a seguir:

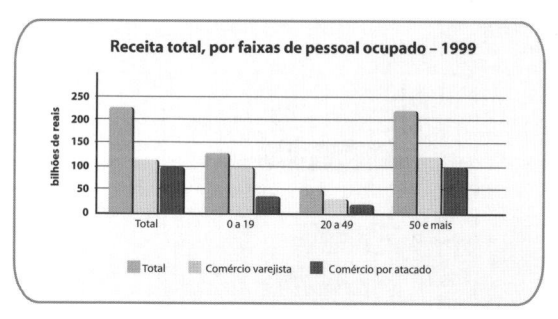

Receita total, por faixas de pessoal ocupado – 1999

Fonte: IBGE.

Construção dos tipos de gráficos

A construção de um gráfico é bastante simples. No entanto, deve-se ter o cuidado de representar todos os dados que se deseja incluir.

Além disso, são necessários senso de estética, cores e dimensões adequadas, equilíbrio no número de fenômenos representados.

Construção do gráfico de barras e colunas

Os principais passos para construir um gráfico de barras e colunas são:

1. Examinar os dados a representar a fim de:	
identificar o maior e o menor dado para determinar os pontos extremos do gráfico;	verificar os dados intermediários para escolher o tipo de escala e o tipo de gráfico que mais convém.
2. Traçar um eixo vertical e um horizontal, seja para escrever a escala, seja para utilizá-la como simples elemento de referência.	
3. Especificar a escala e as unidades de medida utilizadas.	
4. Escolher um título adequado, para que não restem dúvidas sobre o fato representado.	
5. Inserir a legenda – se necessária à leitura do gráfico.	
6. Indicar a fonte – se o gráfico for transcrito de algum trabalho.	

- gráfico de colunas

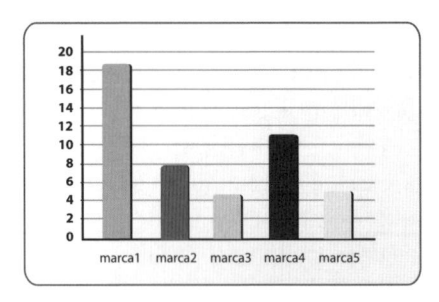

- gráfico de barras

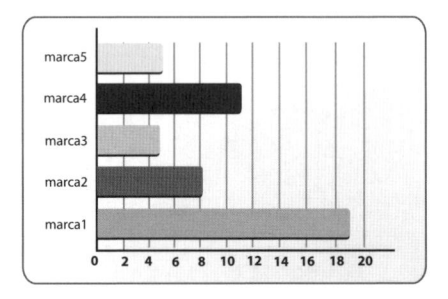

Construção do gráfico de setores

O gráfico de setores é utilizado, geralmente, para representar um número reduzido de elementos em um período determinado de tempo.

> **COMENTÁRIO**
> O gráfico de setores apresenta bom efeito visual e a proporção de cada elemento do conjunto, o que torna vantajoso seu uso.

Por exemplo:

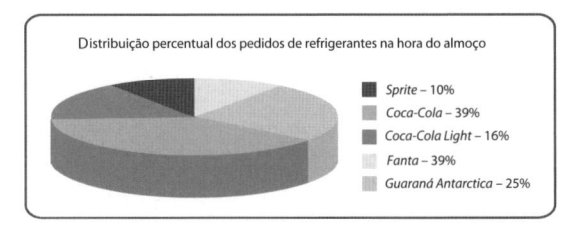

Distribuição percentual dos pedidos de refrigerantes na hora do almoço

- Sprite – 10%
- Coca-Cola – 39%
- Coca-Cola Light – 16%
- Fanta – 39%
- Guaraná Antarctica – 25%

Fonte: Dados hipotéticos.

Construção do gráfico de linhas

Para avaliar os dados relativos às tendências temporais, é preciso representá-los com gráficos de linhas.

> **COMENTÁRIO**
>
> Para marcar o valor da variável, os pontos devem ser unidos por meio de segmentos de reta.

Por exemplo:

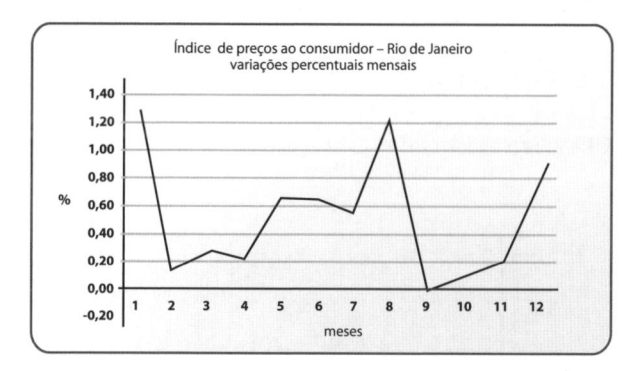

Índice de preços ao consumidor – Rio de Janeiro
variações percentuais mensais

Fonte: IBRE/FGV.

Construção do histograma

A representação gráfica de uma distribuição de frequências por classes de valores é feita por meio do histograma.

> **COMENTÁRIO**
>
> A construção do histograma é muito parecida com a do gráfico de colunas; contudo, deve-se observar a justaposição dos retângulos, pois, quando os intervalos de classe da variável não são constantes, a área da coluna deve ser proporcional à frequência da classe.

Considere, por exemplo, os seguintes dados de retiradas diárias de um banco:

DISTRIBUIÇÃO DAS RETIRADAS DIÁRIAS DE UM BANCO

Retiradas em R$	Frequência
500 |--- 600	12
600 |--- 700	36
700 |--- 800	63
800 |--- 900	81
900 |--- 1000	77
1000 |--- 1100	42
1100 |--- 1200	24
Total	335

Esses dados são representados pelo histograma da seguinte forma:

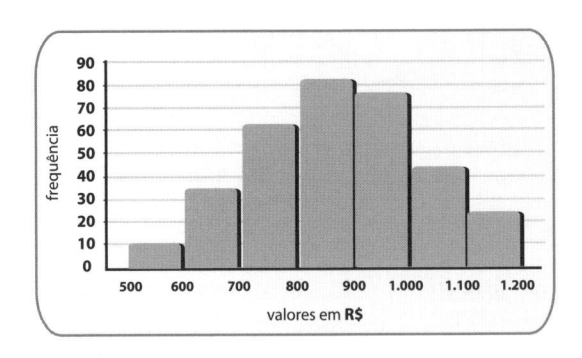

Capítulo 2

Cálculo dos principais parâmetros e estatísticas

Este capítulo trata dos cálculos dos principais parâmetros e das principais estatísticas – medidas de posição e medidas de dispersão. Na análise das medidas de posição, serão trabalhados a média aritmética – a mais importante delas –, a mediana, a moda e os quartis. Em relação às medidas de dispersão, serão discutidos a amplitude total, a variância, o desvio padrão e o coeficiente de variação.

Medidas de posição

De posse de uma grande lista de números, pouco proveito se pode tirar dela, a menos que seja possível resumi-la. Uma maneira conveniente de descrever um grupo é achar um único número que o represente. Em estatística, esses números são chamados de *medidas de posição*.

A maioria das medidas estatísticas exige o cálculo da soma de um conjunto de números. Para representar essa soma, usa-se o *sigma* maiúsculo (Σ), conhecido como *somatório* ou *soma total*.

Vejamos, por exemplo, uma amostra de cinco estudantes, cuja característica ou variável a ser estudada são as suas idades. Se essas idades forem 15, 16, 14, 13 e 17, a soma desses valores será 75.

Na sequência, cada idade será representada pela variável X, numerada em ordem crescente:

$X_1 = 15$
$X_2 = 16$
...
$X_1 + X_2 + X_3 + X_4 + X_5$

A soma das idades pode ser representada por:

$$X_1 + X_2 + X_3 + X_4 + X_5 = \sum_{i=1}^{5} X_i$$

A notação de soma será utilizada para resumir essa expressão, que será lida do seguinte modo: soma ou somatório de xi, para i variando de 1 a 5.

Média aritmética

Para representar um conjunto de números por um único valor, é preciso calcular a média desses números e, para tanto, basta somar os valores do conjunto e dividir o resultado pelo número de seus elementos.

> **COMENTÁRIO**
> Por suas propriedades matemáticas, a média aritmética – ou, simplesmente, média – é a mais importante das medidas de posição.

Por exemplo: para calcular a média das idades dos cinco estudantes, basta somar os valores e dividi-los por cinco:

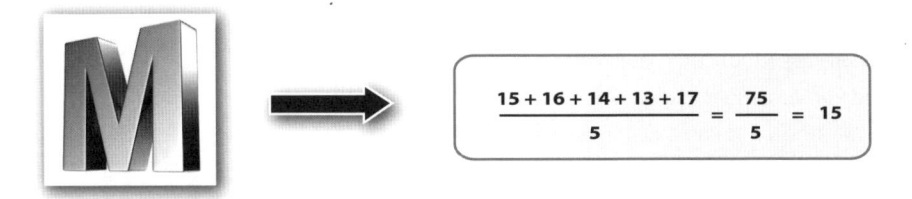

$$\frac{15 + 16 + 14 + 13 + 17}{5} = \frac{75}{5} = 15$$

Para que a notação de soma seja utilizada, pode-se representar a fórmula de cálculo da média da seguinte maneira:

$$\text{média} = \frac{\sum_{i=1}^{n} x_i}{n}$$

A média das idades é definida, então, por meio da seguinte fórmula:

$$\text{média das idades} = \frac{\sum_{i=1}^{n} x_i}{5} = \frac{x_1 + x_2 + x_3 + x_4 + x_5}{5} =$$

$$= \frac{15 + 16 + 14 + 13 + 17}{5} = \frac{75}{5} = 15$$

Distribuição de frequências por valor

Quando os dados estiverem agrupados em uma distribuição de frequências por valor, utilizam-se os valores da variável ponderada divididos por suas frequências absolutas para o cálculo da média aritmética.

Esse cálculo é expresso pela fórmula:

$$\text{média} = \mu = \frac{\sum_{i=1}^{n} x_i f_i}{\sum_{i=1}^{n} f_i}$$

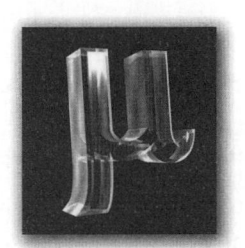

Considerem-se:
x_i = valores da variável;
n = número de valores;
f_i = frequência dos valores.

Tomemos como exemplo uma amostra de 30 alunos de determinado curso, obteve-se a seguinte distribuição de idades:

Idade x_i	Número de alunos f_i	$x_i f_i$
17	6	102
19	9	171
21	8	168
23	4	92
25	3	75
Total	30	608

Calcula-se a média aritmética dessas idades por meio da seguinte fórmula:

$$\mu = \frac{\sum_{i=1}^{5} x_i f_i}{\sum_{i=1}^{5} f_i}$$

$$\frac{17 \times 6 + 19 \times 9 + 21 \times 8 + 23 \times 4 + 25 \times 3}{6+9+8+4+3} = \frac{102+171+168+92+75}{30} = \frac{608}{30} = 20,27$$

Assim, a idade média dos alunos é de 20,27 anos.

Distribuição de frequências por classes de valores

Quando os dados estiverem agrupados em uma distribuição de frequências por classes de valores, serão representados por um intervalo – a classe; o valor representativo desta é o ponto médio.

A média aritmética é determinada por meio da fórmula:

$$\mu = \frac{\sum_{i=1}^{n} Pm_i f_i}{\sum_{i=1}^{n} f_i}$$

Considerem-se:
Pm$_i$ = ponto médio da classe;
f$_i$ = frequência;
n = número de classes.

Vejamos o exemplo de uma empresa na qual em uma amostra de 40 funcionários tem-se a seguinte distribuição do tempo de serviço em anos completos:

Classes tempo de serviço	Frequência (f_i)	Ponto médio (Pm_i)	$Pm_i f_i$
2 |--- 4	5	3	15
4 |--- 6	10	5	50
6 |--- 8	14	7	98
8 |--- 10	8	9	72
10 |--- 12	3	11	33
Total	40		268

Calcula-se a média aritmética por meio da seguinte fórmula:

$$\mu = \frac{\sum_{i=1}^{n} Pm_i f_i}{\sum_{i=1}^{n} f_i} = \frac{268}{40} = 6,7$$

Pelos cálculos efetuados, conclui-se que o tempo médio de casa dos funcionários, nessa empresa, é de 6,7 anos.

Mediana, moda e quartis

Vimos que a média aritmética é a medida que representa um conjunto de números através de um único valor, agora veremos algumas medidas que dividem a distribuição em partes, caso da mediana e dos quartis, e outra que representa o valor que mais aparece na distribuição.

Mediana

A segunda medida de posição de um conjunto de números é a *mediana* – elemento que ocupa a posição central de um conjunto de valores ordenados de forma crescente.

Tomemos como exemplo a série de valores a seguir, ordenados de forma crescente, na qual o valor que ocupa a posição central é o **8**:

5, 6, **8**, 9, 11.

Logo, o **8** é a mediana.

Já na próxima série de valores, o valor que a divide ao meio está entre o **7** e o **8**:

5, **7**, **8**, 10.

Ou seja:

$$\frac{7+8}{2} = 7,5$$

A mediana, portanto, é a média desses dois valores: **7,5**.

A partir dos exemplos dados, conclui-se que:

Se n for ímpar, a mediana será o elemento que ocupa a posição de ordem:

$$\frac{n+1}{2}$$

Se n for par, a mediana será a média entre os elementos que ocupam as posições de ordem:

$$\frac{n}{2} \text{ e } \frac{n}{2}+1$$

Determina-se a posição do elemento mediano de dados agrupados da mesma forma que se calcula a mediana dos dados não agrupados. No entanto, para os dados agrupados, é preciso considerar dois casos – **n** par e **n** ímpar. Assim, para determinar a mediana, devem-se encontrar, primeiro, as frequências acumuladas; em seguida, deve-se encontrar o valor da mediana por meio das frequências acumuladas. Os próximos exemplos mostram a sequência em que esses procedimentos devem ser realizados:

Determinação da mediana – 1

Tomemos como exemplo 11 lotes verificados, foi detectada a seguinte distribuição de peças defeituosas no departamento de materiais da empresa X:

Número de defeitos	Número de lotes	Frequência acumulada
1	1	1
2	3	4
3	5	9
4	2	11
Total	11	...

Como **n** é ímpar (**n = 11**), a mediana é o elemento que ocupa a **6ª** posição:

$$\frac{11+1}{2} = 6$$

Ou seja, a mediana é o **6º** elemento.

Nas frequências acumuladas da distribuição, o **6º** elemento está contido na frequência acumulada de valor **9**, que contém os elementos que ocupam da **5ª** posição – ou seja, a primeira posição após a frequência acumulada anterior – até a **9ª** posição.

> **COMENTÁRIO**
>
> Com base nesses dados, observa-se que a mediana é o valor do número de defeitos; este, por sua vez, corresponde à frequência acumulada, e esta contém a mediana, que é igual a três defeitos.

Determinação da mediana – 2

Consideremos, agora, que a distribuição das notas de geografia de 42 alunos de determinada turma é:

Notas	Número de alunos	Frequência acumulada
82	5	5
85	10	15
87	15	30
89	8	38
90	4	42
Total	42	...

Como **n** é par (**n = 42**), a mediana é a média dos elementos que ocupam as posições:

$$\frac{n}{2} = \frac{42}{2} = 21^a \qquad \frac{n}{2} + 1 = \frac{42}{2} + 1 = 22^a$$

Com base na análise das frequências acumuladas, a nota referente à 21ª e à 22ª posições é 87.

Logo, a mediana é igual a:

$$\frac{87+87}{2} = 87$$

Moda

A *moda* é o valor de maior frequência em uma série de valores, ou seja, o valor que mais ocorre em uma série. Assim, para determinar a moda, basta observar o elemento que apresenta a maior frequência.

Tome-se como exemplo uma amostra de 16 alunos em que a distribuição do número de horas semanais de estudo é:

Horas de estudo	Número de alunos (frequência)
10	1
14	1
15	2
16	2
17	3
18	4
19	3
Total	16

> **COMENTÁRIO**
>
> Uma distribuição pode apresentar mais de uma moda – nesse caso, é suficiente que se tenha a maior frequência para mais de um valor da variável. Assim, uma distribuição com duas modas, por exemplo, é uma distribuição bimodal, ao passo que uma com n modas é n-modal.

Quartis

Os quartis são uma medida similar à mediana. Esta divide a distribuição em duas partes iguais – existe a mesma quantidade de elementos com valores acima e abaixo da mediana. Os quartis, por sua vez, dividem a distribuição em quatro partes iguais – cada parte é constituída de ¼ ou 25% dos elementos da distribuição.

Para dividir uma distribuição em quatro partes, há necessidade de três pontos de corte; logo, há apenas três quartis:

- *quartil 1 (Q1)* – mostra que: 25% dos elementos da distribuição estão abaixo de Q1 e, portanto, têm valores inferiores aos dele; 75% estão acima e têm valores superiores.

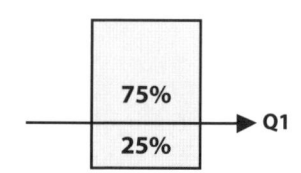

[Figura: caixa com 75% na parte superior e 25% na parte inferior, seta apontando para Q1]

A partir da interpretação do primeiro quartil, pode-se deduzir que:

- *quartil 2 (Q2)* – mostra que: 50% dos elementos da distribuição estão abaixo de Q2 e, portanto, têm valores inferiores aos dele; 50% estão acima e têm valores superiores;
- *quartil 3 (Q3)* – mostra que: 75% dos elementos da distribuição estão abaixo de Q3 e, portanto, têm valores inferiores aos dele; 25% estão acima e têm valores superiores.

Observe-se, ainda, que o quartil 2 (Q2) equivale à mediana.

A determinação dos quartis é semelhante à determinação da mediana: primeiramente, deve-se determinar a posição do quartil e, só então, verificar o elemento que ocupa essa posição; esse elemento será o valor do quartil. O quartil 2 é a própria mediana. Falta determinar, então, as posições dos outros dois quartis.

A posição do Q1 é o valor que ocupa a posição de número n/4; a posição do Q2 é igual à posição determinada para a mediana, ou seja: se n for ímpar, o quartil 2 será o elemento que ocupa a posição de ordem (n + 1)/2; se n for par, o quartil 2 será a média entre os elementos que ocupam as posições de ordem n/2 e (n/2) + 1; a posição do Q3 é o valor que ocupa a posição de número 3n/4.

Conclui-se que os quartis são determinados por meio da identificação dos elementos que ocupam tais posições.

Sabe-se que a posição do quartil é um valor inteiro. Assim, se com o uso das fórmulas de determinação da posição os quartis 1 e 3 resultarem em um valor não inteiro, deve-se aproximar esse valor do número inteiro mais próximo.

Tomemos como exemplo a distribuição de número de acidentes por dia, em um trecho de rodovia, durante 53 dias, disposta em uma tabela.

Para determinar os quartis nessa distribuição, é necessário, primeiro, identificar suas posições.

São dados:

Número de acidentes	Número de dias (frequência)	Frequência acumulada
0	20	20
1	15	35
2	10	45
3	5	50
4	3	53
Total	53	

A tabela a seguir identifica a posição de cada quartil, bem como seus respectivos valores.

Posição de cada quartil
Posição de Q1 = n/4 = 53/5 = 13,25 – aproximadamente 13ª posição.
Posição de Q2 = (n + 1)/2 = (53 + 1)/2 = 27ª posição.
Posição de Q3 = 3n/4 = 3 x 53/4 = 39,75 – aproximadamente 40ª posição.
Análise
Q1 = 0   Q2 = 1   Q3 = 2

Medidas de dispersão

A utilização de uma medida de tendência central – como representante de um conjunto de dados – não descreve totalmente esse conjunto.

Suponha-se que duas cidades tenham a média de temperatura diária de 24°C. Embora a temperatura seja basicamente a mesma em ambas, em uma delas existem melhores condições para esportes aquáticos e outras atividades ao ar livre.

Na primeira cidade, a temperatura oscila entre 21 e 27°C durante todo o ano; na segunda, a temperatura oscila entre 4 e 38°C no mesmo período – ou seja, as piscinas, nessa cidade, não permanecem lotadas o ano todo.

Constatado o fato, precisa-se de medidas que expressem as diferenças entre os valores desses dados. Essas são as *medidas de dispersão*.

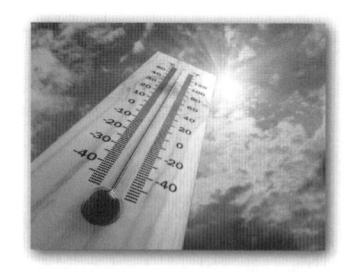

Amplitude total

A mais simples das medidas de dispersão é a amplitude total, que é a diferença entre o maior e o menor valor de um conjunto de dados, ou seja:

A = Máx – min

Considerem-se:

A = *amplitude total;*
Máx = *maior valor da distribuição;*
min = *menor valor da distribuição.*

Vale retomar o exemplo das cidades cuja média de temperatura é 24°C.

A amplitude total da temperatura da primeira cidade é 27 – 21 = 6°C; já a amplitude total da segunda é 38 – 4 = 34°C.

Como a amplitude total depende de dois valores do conjunto de dados – o maior e o menor valor – ela é altamente influenciada por valores extremos.

A análise dos salários de 50 empregados de determinada empresa pode exemplificar essa influência: se o maior salário é R$ 2.800,00 e o menor, R$ 2.100,00, a amplitude total (A) será R$ 700,00 (A = 2.800 – 2.100 = 700). No entanto, se a empresa precisar contratar um especialista sênior por um salário de R$ 10.000,00, a amplitude passará a ser:

A = 10.000 − 2.100 = R$ 7.900,00

Com esse resultado, percebe-se que o valor da amplitude não expressa, adequadamente, a variabilidade dos dados, pois a maioria dos salários está no intervalo de R$ 2.100,00 a R$ 2.800,00. Portanto, outras medidas de variação são necessárias.

Variância

Expressa pela letra grega σ^2, a variância – a mais importante das medidas de dispersão – é uma medida de variabilidade que utiliza todos os dados de uma distribuição. Além disso, é baseada na diferença entre o valor de cada observação e a média do conjunto de dados, motivo pelo qual essa média se torna uma informação relevante para o cálculo da variância.

Variância da população

Em uma população de N elementos, representa-se a média das observações por μ. A definição da variância da população é dada por:

$$\text{variância} = \sigma^2 = \frac{\sum_{i=1}^{N}(X_i - \mu)^2}{N}$$

Considere uma população de seis elementos em que os valores da característica X são 9, 8, 6, 4, 2 e 1. A média dessa distribuição é 5:

média da distribuição

$$\text{média} = \mu_X = \frac{\sum_{i=1}^{N} x_i}{N} = \frac{9+8+6+4+2+1}{6} = 5$$

A variância é 8,67:

aplicação da fórmula da variância

$$\text{variância} = \sigma^2 = \frac{(9-5)^2 + (8-5)^2 + (6-5)^2 + (4-5)^2 + (2-5)^2 + (1-5)^2}{6}$$

$$\text{variância} = \sigma^2 = \frac{4^2 + 3^2 + 1^2 + (-1)^2 + (-3)^2 + (-4)^2}{6}$$

$$\text{variância} = \sigma^2 = \frac{16+9+1+1+9+16}{6} = \frac{52}{6} = 8,67$$

Portanto, a variância da característica X, nesses seis elementos, é 8,67.

Desvio padrão

No cálculo da variância, os valores que estão sendo somados são elevados ao quadrado; por conseguinte, as unidades associadas aos dados observados também são elevadas ao quadrado.

As unidades elevadas ao quadrado, associadas à variância, tornam difícil a interpretação intuitiva de seu valor. O desvio padrão, por ser a raiz quadrada positiva da variância, põe o resultado na unidade original de medida.

Desvio padrão da população

Segue a fórmula do desvio padrão da população:

$$\text{desvio padrão} = \sigma = \sqrt{\sigma^2} = \sqrt{\dfrac{\sum\limits_{i=1}^{N}(X_i-\mu)^2}{N}}$$

Suponhamos uma pequena escola em que existem cinco salas de aula, cada uma com um número variável de alunos:

- sala A – 26 alunos;
- sala B – 34 alunos;
- sala C – 22 alunos;
- sala D – 26 alunos;
- sala E – 12 alunos.

Para determinar o desvio padrão do número de alunos por sala de aula, será necessário, em primeiro lugar, determinar a média, ou seja, o número médio de alunos por sala de aula.

Seja X o número de alunos em sala de aula:

$$\mu = \dfrac{\sum\limits_{i=1}^{5} X_i}{5} = \dfrac{26+34+22+26+12}{5} = \dfrac{120}{5} = 24 \text{ alunos}$$

Com esse dado, já é possível determinar o desvio padrão:

$$\sigma = \sqrt{\dfrac{\sum\limits_{i=1}^{5}(x_i-\mu)^2}{5}} = \sqrt{\dfrac{(26-24)^2+(34-24)^2+(22-24)^2+(26-24)^2+(12-24)^2}{5}}$$

$$\sigma = \sqrt{\dfrac{2^2+10^2+(-2)^2+2^2+(-12)^2}{5}} = \sqrt{\dfrac{4+100+4+4+144}{5}}$$

$$\sigma = \sqrt{\dfrac{256}{5}} = \sqrt{51{,}2} = 7{,}16 \text{ alunos}$$

Coeficiente de variação

Em algumas situações, pode-se desejar obter uma medida que indique o tamanho do desvio padrão em relação à média – uma medida relativa. Isso é importante quando se quer comparar a variação de duas distribuições que têm médias diversas para suas observações ou unidades de medida diferentes, ou seja, quando se quer saber se uma distribuição é mais dispersa do que a outra.

Essa medida é o coeficiente de variação, calculado por meio da razão entre o desvio padrão e a média:

$$\text{coeficiente de variação} = \frac{\text{desvio padrão } (\sigma)}{\text{média } (\mu)}$$

COMENTÁRIO

O coeficiente de variação também é utilizado para avaliar a representabilidade da média.

Em linhas gerais, considera-se que, se o coeficiente de variação for maior do que 0,5, é mais interessante representar os dados por meio da mediana.

Imagine-se que uma empresa esteja avaliando o comportamento de venda de dois produtos – A e B – ao longo dos meses.

O produto *A* apresenta média de venda mensal de 150 unidades e desvio padrão de 30 unidades.

O produto *B* apresenta média de venda mensal de 180 unidades e desvio padrão também de 30 unidades.

Para saber qual dos dois produtos possui um comportamento de vendas mais estável, é necessário calcular o coeficiente de variação

Agora, suponha-se que os tempos registrados pelos corredores dos 400 m e dos 1.600 m de um time de trilha sejam:

400m ⟶ 0,92; 0,98; 1,04; 0,90; 0,90.

1.600m ⟶ 4,52; 4,35; 4,60; 4,70; 4,50.

Baseado nesses dados, o treinador afirmou que os corredores dos 400 m apresentaram tempos mais constantes.

Por meio do coeficiente de variação, é possível verificar se essa declaração está correta.

Cálculo dos parâmetros – tempos dos 400 m:

$$\text{média} = \frac{0{,}92 + 0{,}98 + 1{,}04 + 0{,}90 + 0{,}99}{5} = \frac{4{,}83}{5} = 0{,}97 \text{ minutos}$$

$$\text{desvio padrão} = \sqrt{\frac{(0{,}92 - 0{,}97)^2 + (0{,}98 - 0{,}97)^2 + (1{,}04 - 0{,}97)^2 + (0{,}90 - 0{,}97)^2 + (0{,}99 - 0{,}97)^2}{5}} =$$

$$= \sqrt{\frac{(-0{,}05)^2 + (0{,}01)^2 + (0{,}07)^2 + (-0{,}07)^2 + (0{,}02)^2}{5}} =$$

$$= \sqrt{\frac{0{,}0025 + 0{,}0001 + 0{,}0049 + 0{,}0049 + 0{,}0004}{5}} = \sqrt{\frac{0{,}0128}{5}} = \sqrt{0{,}00256} = 0{,}0506 \text{ minutos}$$

$$\text{coeficiente de variação} = \gamma = \frac{0{,}0506}{0{,}97} = 0{,}5216 \text{ ou } 5{,}216\%$$

Cálculo dos parâmetros – tempos dos 1.600 m:

$$\text{média} = \frac{4{,}52 + 4{,}35 + 4{,}60 + 4{,}70 + 4{,}50}{5} = \frac{22{,}67}{5} = 4{,}53 \text{ minutos}$$

$$\text{desvio padrão} = \sqrt{\frac{(4{,}52 - 4{,}53)^2 + (4{,}35 - 4{,}53)^2 + (4{,}60 - 4{,}53)^2 + (4{,}70 - 4{,}53)^2 + (4{,}50 - 4{,}53)^2}{5}} =$$

$$= \sqrt{\frac{(-0{,}01)^2 + (-0{,}18)^2 + (0{,}07)^2 + (0{,}17)^2 + (-0{,}03)^2}{5}} =$$

$$= \sqrt{\frac{0{,}0001 + 0{,}0324 + 0{,}0049 + 0{,}0289 + 0{,}0009}{5}} = \sqrt{\frac{0{,}672}{5}} = \sqrt{0{,}01344} = 0{,}11593 \text{ minutos}$$

$$\text{coeficiente de variação} = \gamma = \frac{0{,}11593}{4{,}53} = 0{,}02559 \text{ ou } 2{,}559\%$$

Os dois coeficientes de variação, quando comparados, permitem verificar que os tempos dos atletas dos 1.600 m são mais homogêneos que os tempos dos atletas dos 400 m, ou seja, o treinador estava equivocado.

Capítulo 3

Probabilidade

Neste capítulo, será analisada a probabilidade de ocorrência dos resultados dos fenômenos aleatórios. Inicialmente, será abordada a probabilidade frequencial, com o objetivo de verificar se a repetição de uma experiência evidencia certa regularidade em sua ocorrência. Na sequência, será analisada a abordagem axiomática, cujo norte é a probabilidade de ocorrência de um evento como uma função que associa cada evento a um número real, e a abordagem clássica, que associa cada ponto amostral à mesma probabilidade. Veremos, ainda, que a probabilidade é a ferramenta apropriada para a aplicação das técnicas da estatística inferencial.

Conceitos básicos

Para iniciarmos os estudos de probabilidade, alguns conceitos são essenciais, a seguir descrevemos os principais.

Tipos de fenômenos

Na natureza, existem dois tipos de fenômenos: *determinísticos* – aqueles em que os resultados são sempre os mesmos desde que mantidas as mesmas condições – e *aleatórios* – aqueles em que os resultados são imprevisíveis, mesmo que tais fenômenos se repitam muitas vezes.

EXEMPLO

Se alguém tem a água em estado líquido, sabe que, a 100ºC, ela passará ao estado gasoso. Nesse caso, tem-se um fenômeno *determinístico*.

> **EXEMPLO**
>
> Em um pomar com centenas de laranjeiras, a produção de cada planta será diferente, mesmo que as condições do solo, da temperatura e da umidade sejam as mesmas para todas as árvores. Nesse caso, tem-se um fenômeno *aleatório*.

Experimentos aleatórios e suas características

São aqueles com resultados finais diferentes e não previsíveis para cada tentativa, independentemente de as condições iniciais serem as mesmas.

Para se lançar uma mesma moeda n vezes, são dados f = opção *cara*; x = número de ocorrências de *cara*; e frequência relativa = f (cara) = x/n.

Note-se, ainda, que:

$$0 \leq f(cara) \leq 1$$

À medida que novas tentativas são feitas, f (cara) tende a se estabilizar em torno de 1/2, o que pode ser representado graficamente por:

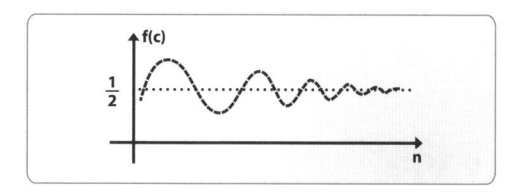

> **CONCEITO-CHAVE**
>
> O espaço amostral de um experimento aleatório é o conjunto de seus resultados; os elementos desse espaço são chamados de *eventos aleatórios*.
>
> O evento aleatório pode ser um único ponto amostral ou uma reunião deles. Por meio de operações com conjuntos, novos eventos podem ser criados:
>
> $A \cup B$ – evento que ocorre se A **ou** B **ou** se ambos ocorrerem. 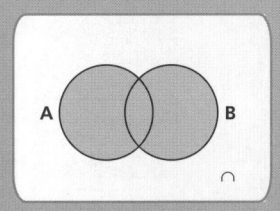
>
> $A \cap B$ – evento que ocorre se A **e** B ocorrerem.
>
> $\bar{A}$ – evento que ocorre se A não ocorre. 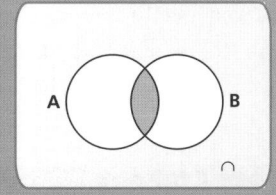

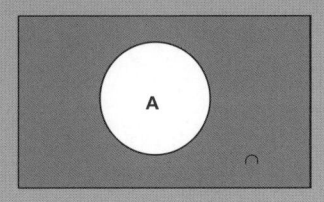

Tipos de abordagens

Apresentamos a seguir as principais formas de definirmos probabilidade.

Abordagem frequencial

A ideia intuitiva de probabilidade está fundamentada na regularidade estatística. Assim, se a mesma experiência for repetida um número cada vez maior de vezes, a frequência relativa do evento deve convergir para a probabilidade de ocorrência deste.

Desenvolvida, inicialmente, por Bernoulli, essa abordagem é conhecida como *frequencial de probabilidade* – ou *probabilidade a posteriori* – e, segundo ela, algo que acontece uma vez pode nunca mais se repetir, mas algo que acontece duas vezes certamente acontecerá uma terceira.

Exemplo 1

Uma pessoa joga uma moeda 100 vezes e observa, a cada lance, o resultado. Durante essa experiência, os totais, tanto de *cara* quanto de *coroa*, foram registrados após os seguintes lances: 20º, 60º, 90º e 100º.

> **BERNOULLI**
>
> Professor de matemática em Basileia, na França, durante parte do século XVII. Prestou significativa contribuição à geometria analítica, à teoria das probabilidades e à variação do cálculo.
>
> Além disso, deu nome a várias fórmulas – como a equação diferencial de Bernoulli – e escreveu um tratado sobre a teoria das probabilidades (*Ars conjectandi*) que oferece interesse prático na aplicação da teoria da probabilidade no seguro e na estatística.

À medida que o número de lances vai aumentando, verifica-se que a frequência relativa tende a aproximar-se da probabilidade *a priori* de ocorrência do evento – ou seja, 0,50.

A realização de um único experimento que envolva um fenômeno aleatório não apresenta qualquer informação sobre a regularidade de ocorrência dos eventos elementares.

Veja-se a tabela:

Nº de lances	Frequência de caras		Frequência de coroas	
	Absoluta	Relativa	Absoluta	Relativa
20	8	0,40	12	0,60
60	32	0,53	28	0,47
90	48	0,53	42	0,47
100	52	0,52	48	0,48

> **COMENTÁRIO**
>
> No estudo dos fenômenos aleatórios, como não há um meio de descobrir qual será, exatamente, o resultado do experimento, é necessário definir com precisão o conjunto de resultados possíveis. Além disso, deve-se atribuir a cada elemento desse conjunto um indicador de probabilidade de ocorrência. Somente a repetição da experiência evidencia certa regularidade em sua ocorrência.

No caso da moeda, seria possível tomar as frequências relativas dos resultados, tanto de *cara* quanto de *coroa*, após o 100º lance, como um indicador de medida de sua chance de ocorrência:

$$\text{frequência relativa de } coroa = \frac{48}{100} = 0{,}48$$

$$\text{frequência relativa de } cara = \frac{52}{100} = 0{,}52$$

Após um grande número de repetições, a frequência relativa é um indicador da probabilidade de ocorrência do evento estudado.

Exemplo 2

Uma pesquisa realizada junto a 1.250 empresas revelou grande diversidade na formação acadêmica dos gerentes de recursos humanos.

Veja-se a tabela:

Formação	Frequência
Administração	575
Economia	125
Engenharia	175
Psicologia	375
Total	1.250

Com base na abordagem frequencial, quando uma empresa é selecionada ao acaso, a probabilidade de encontrar uma pessoa com cada uma dessas formações será:

$$\text{Administração} : \frac{575}{1250} = 0{,}46$$

$$\text{Economia} : \frac{125}{1250} = 0{,}10$$

$$\text{Engenharia} : \frac{175}{1250} = 0{,}14$$

$$\text{Psicologia} : \frac{375}{1250} = 0{,}30$$

Outras abordagens

Frequência relativa

A intuição sobre *probabilidade* leva a infinitas repetições de um experimento para tomá-lo como frequência relativa. Esta, por sua vez, é, no máximo, igual a 1 e, no mínimo, zero. Portanto, a probabilidade só poderá assumir um valor situado no intervalo [0,1]. Quanto mais próximo o resultado for de 1, mais provável será a ocorrência do evento observado:

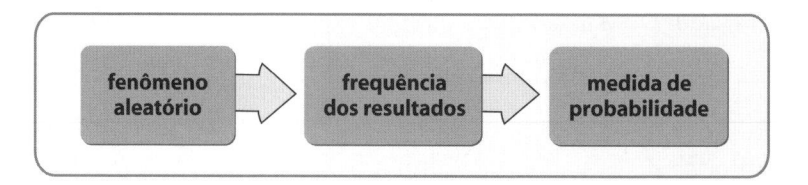

```
fenômeno aleatório ⇒ frequência dos resultados ⇒ medida de probabilidade
```

Abordagem axiomática

Dado um espaço amostral Ω, a probabilidade de ocorrência de um evento é uma função definida em Ω, que associa a cada evento um número real. Isso implica satisfazer aos seguintes axiomas:

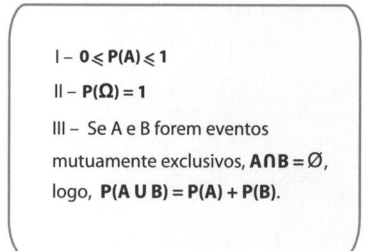

I – $0 \leqslant P(A) \leqslant 1$

II – $P(\Omega) = 1$

III – Se A e B forem eventos mutuamente exclusivos, $A \cap B = \emptyset$, logo, $P(A \cup B) = P(A) + P(B)$.

Dois eventos são mutuamente exclusivos se a ocorrência de um implica a não ocorrência do outro.

> **EXEMPLO**
>
> Se alguém jogar uma moeda e observar que o resultado foi *cara*, pode afirmar que não foi *coroa*. *Coroa* e *cara* são dois eventos mutuamente exclusivos.

Abordagem clássica

Quando se associa, a cada ponto amostral, a mesma probabilidade, tem-se que o espaço amostral é equiprovável.

Se Ω contém n pontos, então a probabilidade de cada ponto será 1/n; se um evento A contém r pontos, então:

$$P(A) = r\left(\frac{1}{n}\right) = \frac{r}{n}$$

Esse método de avaliar P(A) é, frequentemente, enunciado da seguinte maneira:

$$P(A) = \frac{n^{\underline{o}} \text{ de casos favoráveis}}{n^{\underline{o}} \text{ de casos possíveis}}$$

EXEMPLO

Em um experimento aleatório, como o lançamento de um dado ou de uma moeda, observou-se que:

A = {cara, número par};

B = {cara, número ímpar};

C = {múltiplos de 3}.

Se c for definido como *cara* e h, como *coroa*, tem-se o seguinte espaço amostral:

Ω = {(c,1) (c,2) (c,3) (c,4) (c,5) (c,6) (h,1) (h,2) (h,3) (h,4) (h,5) (h,6)}

A = {(c,2) (c,4) (c,6)};

B = {(c,1) (c,3) (c,5)};

C = {(c,3) (c,6) (h,3) (h,6)}.

Variáveis aleatórias

Quando os resultados de uma variável assumem valores numéricos determinados por fatores de chance, tem-se uma *variável aleatória*.

Se, por exemplo, alguém joga uma moeda três vezes e marca o número de caras que ocorreram, a variável aleatória será o número de *caras* resultante das três jogadas.

FATORES DE CHANCE

Quando o resultado está relacionado a uma probabilidade de ocorrência.

Os valores possíveis dessa variável aleatória seriam 0, 1, 2, 3, pois todos esses números têm possibilidades de ocorrência; contudo, só é possível saber o número que ocorreu após a realização do experimento, ou seja, após as três jogadas da moeda.

> **CONCEITO-CHAVE**
>
> As variáveis aleatórias podem ser de dois tipos: *discreta*, que assume valores que podem ser contados, e *contínua*, que assume qualquer valor dentro de um intervalo, caso em que o número de valores que podem ser assumidos é infinito.

O número diário de peças defeituosas em uma linha de produção, por exemplo, é uma variável discreta. Por outro lado, se em uma plantação de eucalipto, as árvores podem ter de 10 a 12 metros – a depender da precisão da medida –, há uma infinidade de tamanhos possíveis entre 10 e 12 metros, o que pode exemplificar a variável contínua.

Distribuição de probabilidades

Uma *distribuição de probabilidades* é uma distribuição de frequências relativas para o resultado de um espaço amostral. Mostra o número de vezes que uma variável aleatória tende a assumir para cada um dos diversos valores possíveis.

> **COMENTÁRIO**
>
> Se for considerada a definição de probabilidades por meio da frequência relativa, pode-se traçar um paralelo com as distribuições de frequência. Assim, cada fenômeno estudado pode ser apresentado por meio de uma distribuição de frequências por valor, que caracteriza uma variável aleatória discreta, ou por meio de uma distribuição de frequências por classes de valores, que caracteriza uma variável aleatória contínua.

> **CONCEITO-CHAVE**
>
> A frequência relativa é a probabilidade de a variável aleatória assumir seu respectivo valor (no caso da distribuição de frequências por valor) ou qualquer valor no intervalo da classe correspondente (no caso da distribuição de frequências por classes de valores).

Exemplo 1

Vejam-se alguns exemplos que ilustram a distribuição de frequências relativas.

A distribuição dos funcionários da empresa X, conforme sua produtividade, está na tabela a seguir:

DISTRIBUIÇÃO DOS EMPREGADOS DA
EMPRESA X CONFORME ÍNDICE DE PRODUTIVIDADE

Índice de produtividade	Frequência – nº de empregados	Frequência relativa
21	6	6/30 = 0,20
22	3	3/30 = 0,10
23	5	5/30 = 0,17
24	4	4/30 = 0,13
25	6	6/30 = 0,20
26	4	4/30 = 0,13
28	2	2/30 = 0,07
Total	30	1

Com base nessas frequências relativas, pode-se definir a variável aleatória discreta, isto é, o índice de produtividade dos empregados da empresa X.

A partir desses valores, também se pode determinar, por exemplo, a probabilidade de um empregado ter um índice de produtividade de 23 pontos. Para tanto, basta verificar a frequência relativa correspondente a 23 pontos, ou seja, 0,17 ou 17%.

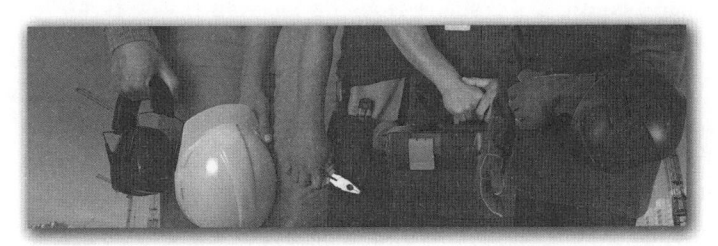

Exemplo 2

A distribuição de idades de certa população está retratada na tabela a seguir:

Idade	Frequência – nº de indivíduos	Frequência relativa
45 |-- 51	3	3/40 = 0,075
51 |-- 57	4	4/40 = 0,100
57 |-- 63	8	8/40 = 0,200
63 |-- 69	11	11/40 = 0,275
69 |-- 75	7	7/40 = 0,175
75 |-- 81	3	3/40 = 0,075
81 |-- 87	4	4/40 = 0,100
Total	40	1

A frequência relativa a cada classe é a probabilidade de que, selecionado um indivíduo, sua idade seja correspondente à faixa de idade que cada classe representa. Contudo, nesse caso, não há como avaliar a probabilidade de o indivíduo escolhido ter exatamente 60 anos, por exemplo.

É possível determinar a probabilidade de o indivíduo ter entre 57 e 63 anos. Este intervalo é a frequência relativa da classe de idades que estão entre 57 |--- 63, cujo valor é 0,200 ou 20%.

Na distribuição de probabilidades de variáveis aleatórias contínuas, a probabilidade de que essas variáveis assumam um valor exato é igual a zero.

Modelos de tipos de distribuição

Em geral, não é necessário calcular as probabilidades individuais para obter uma distribuição de probabilidades. A estatística utiliza vários modelos de distribuição e cada modelo conta com um conjunto de hipóteses que definem as condições de sua utilização.

A maioria dos problemas pode ser resolvida com o auxílio de poucos modelos básicos. Para escolher um, basta confrontar as hipóteses do modelo com as características do fenômeno em estudo.

> **CONCEITO-CHAVE**
>
> Os dois principais modelos de distribuição de probabilidades são a *distribuição binomial* – distribuição de probabilidades de uma família de variáveis aleatórias discretas – e a *distribuição normal* (talvez a mais importante distribuição de probabilidades para a estatística) – distribuição de probabilidades de uma variável aleatória contínua.

Distribuição binomial

O modelo de distribuição binomial permite avaliar a probabilidade de ocorrência dos eventos de um experimento aleatório em que os resultados de uma variável aleatória podem ser agrupados em duas classes ou categorias mutuamente excludentes: sucesso e fracasso. Assim, se ocorrer a classe desejada, tem-se o sucesso; caso contrário, o fracasso.

A utilização da distribuição binomial tem como premissas:

1: n provas idênticas e independentes devem ser realizadas;

2: cada prova admite somente dois resultados – sucesso ou fracasso;

3: a probabilidade de sucesso para cada prova é *p*, ao passo que a de fracasso, também para cada prova, é **q = 1 − p**.

A expressão da distribuição binomial é a que segue:

$$\Pr(X = x) = \binom{n}{x} \cdot p^x \cdot (1-p)^{n-x}$$

Considerem-se:

p = probabilidade de sucesso;

q = *1 − p* = probabilidade de fracasso;

n = número de repetições do experimento;

x = número de sucessos nas *n* repetições do experimento.

Segue uma tabela com os coeficientes **[nx]** para diversos valores de *n* e *x*:

	Coeficientes binomiais									
	x									
n	0	1	2	3	4	5	6	7	8	9	10
0	1										
1	1	1									
2	1	2	1								

	Coeficientes binomiais										
n	x										
	0	1	2	3	4	5	6	7	8	9	10
5	1	5	10	10	5	1					
6	1	6	15	20	15	6	1				
7	1	7	21	35	35	21	7	1			
8	1	8	28	56	70	56	28	8	1		
9	1	9	36	84	126	126	84	36	9	1	
10	1	10	45	120	210	252	210	120	45	10	1
11	1	11	55	165	330	462	462	330	165	55	11
12	1	12	66	220	495	792	924	792	495	220	66
13	1	13	78	286	715	1287	1716	1716	1287	715	286
14	1	14	91	364	1001	2002	3003	3432	3003	2002	1001
15	1	15	105	455	1365	3003	5005	6435	6435	5005	3003
16	1	16	120	560	1820	4368	8008	11440	12870	11440	8008
17	1	17	136	680	2380	6188	12376	19448	24310	24310	19448
18	1	18	153	816	3060	8568	18564	31824	43758	48620	43758
19	1	19	171	969	3876	11628	27132	50388	75582	92378	92378
20	1	20	190	1140	4845	15504	38760	77520	125970	167960	184756

O exemplo a seguir ilustra o cálculo da probabilidade com utilização da distribuição binomial.

Um aluno precisa de nota 6,0 para ser aprovado. Como a prova terá somente questões de múltipla escolha, o aluno resolveu que irá *chutar* as respostas das questões.

Se a prova terá 10 questões de múltipla escolha, com cinco opções de resposta para cada uma, *qual é a probabilidade que esse aluno tem de acertar exatamente seis questões?*

Para utilizar a distribuição binomial, será preciso verificar se suas premissas estão satisfeitas.

Premissa 1 – devem ser realizadas n provas idênticas e independentes.

Pode-se considerar cada questão do teste como um experimento. Assim, há 10 repetições independentes do experimento; além disso, o resultado de cada questão é independente do das outras; logo, n = 10.

Premissa 2 – cada prova poderá admitir somente dois resultados: sucesso e fracasso.

Se o aluno acertar a questão, o resultado será *sucesso*; no entanto, se errar, será fracasso. Logo, há apenas dois resultados possíveis em cada questão: acertar ou errar.

Premissa 3 – a probabilidade de sucesso é a mesma nas n realizações do experimento.

Cada questão tem cinco opções de resposta e apenas uma opção de resposta está correta. A probabilidade de o aluno acertar é igual a 1 em 5, ou seja, 1/5 ou 0,2; logo, p = 0,2 é a probabilidade de sucesso. Nesse caso, **q = 1 – p**, ou seja, **q = 1 – 0,2 = 0,8**, que é a probabilidade de fracasso.

Satisfeitas as premissas, pode-se utilizar a distribuição binomial, que fornecerá a probabilidade de x sucessos. Em 10 questões, para que o aluno obtenha nota 6,0, é necessário que ele acerte, exatamente, 6 questões; logo, x = 6.

Dessa forma, pela fórmula da binomial, tem-se:

$$Pr(X = x) = \binom{n}{x} \cdot p^x \cdot (1-p)^{n-x}$$

O próximo passo é a substituição na fórmula:

$$Pr(X = 6) = \binom{10}{6} \cdot 0{,}2^6 \cdot (1-0{,}2)^{10-6}$$

Para encontrar o valor de $\binom{10}{6}$ na tabela do Excel, é preciso identificar o valor correspondente ao encontro da linha **n = 10** com a coluna **x = 6**:

Coeficientes binominais								
N	0	1	2	3	4	5	6	...
...	...	...	...	...	...	...	...	...
8	1	8	28	56	70	56	28	...
9	1	9	36	84	126	126	84	...
10	1	10	45	120	210	252	210	...
...	...	...	...	...	...	...	...	...

De acordo com a tabela, esse valor é 210. O próximo passo é inseri-lo na expressão:

$$Pr(X = 6) = 210 \cdot 0{,}2^6 \cdot 0{,}8^4$$

Seguem os cálculos:

$0,2^6 = 0,00006$;

$0,8^4 = 0,4096$.

Por último, multiplicam-se os três fatores para obter-se o valor da probabilidade:

$$Pr(X = 6) = 210 \times 0,00006 \times 0,4096 = 0,00516$$

Ou seja, a probabilidade de o aluno obter nota 6,0 é 0,00516 ou 0,516%.

Vale ressaltar que essa não é a probabilidade de o aluno ser aprovado, mas de ser aprovado com nota 6,0. Naturalmente, ele pode ser aprovado, também, com notas maiores que 6,0; portanto, a probabilidade de ele ser aprovado seria a soma das probabilidades de ele tirar as seguintes notas: 6,0; 7,0; 8,0; 9,0 e 10,0.

Distribuição normal

Grande parte da teoria da inferência estatística tem como suporte a distribuição normal. Na estatística aplicada, grande parte dos fenômenos estudados possui muita aproximação com a distribuição normal. Assim, sem incorrer em erros graves, é possível admitir a distribuição normal como representativa de tais fenômenos.

As principais características da curva de distribuição normal, quanto à forma, são a forma de sino e a simetria em relação a sua média. Acrescente-se, ainda, que a média é o ponto central da distribuição e os lados (tanto os anteriores como os posteriores) – em relação à média – têm o mesmo formato, embora invertido:

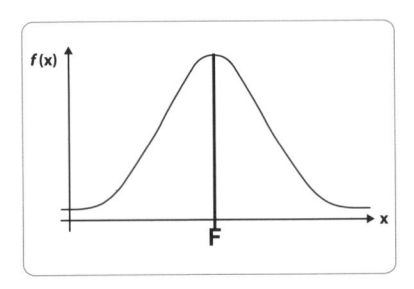

COMENTÁRIO

As distribuições normais começaram a ser identificadas no século XVIII, quando os cientistas perceberam que as observações sobre a medida de uma mesma quantidade – por exemplo, a distância dos corpos celestes ou a massa de um objeto – apresentavam diferenças.

> Quando eram dispostas em uma distribuição de frequências, essas diferenças se apresentavam, repetidamente, de forma semelhante: 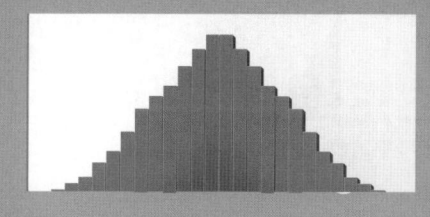 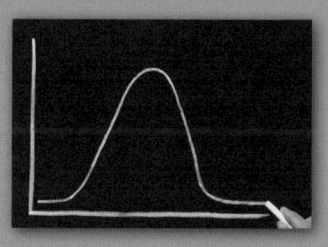
>
> Os cientistas constataram, então, que essa distribuição poderia ser bem aproximada por uma distribuição matemática, ou seja, uma curva contínua e outra normal (esta se aproximava da distribuição das frequências observadas).

Para melhor compreensão do assunto, é fundamental conhecer alguns conceitos:

- valores extremos;
- especificação da distribuição;
- distribuição de frequências;
- valor máximo;
- probabilidade da variável aleatória.

Valores extremos

Os valores extremos tendem, cada vez mais, a se aproximar do eixo das abscissas (eixo base), mas nunca o tocam.

Especificação da distribuição

A distribuição normal é completamente especificada por sua média e seu desvio padrão; para cada par – média e desvio padrão – há uma distribuição normal diferente.

Distribuição de frequências

A curva representa a distribuição de frequências de determinada variável. A área sob essa curva engloba todas as observações acerca dessa variável e corresponde a 100% das observações; em termos relativos, equivale à soma das frequências relativas, que é igual a 1.

A área entre dois pontos corresponde à proporção das observações ali contidas, ou seja, à probabilidade de a variável aleatória assumir valores entre esses pontos.

Veja-se o gráfico:

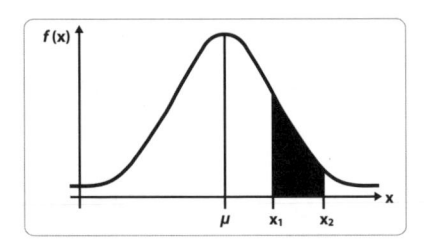

Valor máximo

A distribuição normal admite um único valor máximo: o pico, que corresponde a sua média. Se há um só valor, é natural, portanto, que as medidas de tendência central – média, mediana e moda – tenham o mesmo valor.

No gráfico:

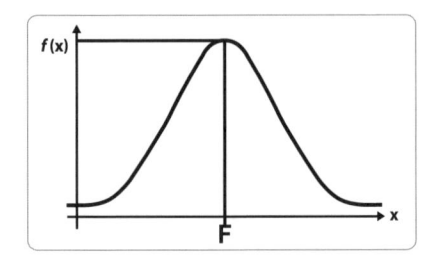

Probabilidade da variável aleatória

Como há um número ilimitado de valores que a variável aleatória normal pode assumir, a probabilidade de uma *variável aleatória normalmente distribuída* assumir um valor exato é, aproximadamente, zero.

Limitações

Para determinar probabilidades, a expressão da distribuição normal não é conveniente, por ser bem complexa:

$$f(x) = \frac{1}{\sigma \sqrt{2\pi}} \ e^{-\frac{1}{2}\left(\frac{x-\mu}{\sigma}\right)^2}$$

Como a definição da distribuição normal é caracterizada para cada par (média e desvio padrão), o que se tem, na realidade, é uma família infinitamente grande de distribuições. Assim, torna-se impossível elaborar tabelas para atender a todas essas necessidades.

No entanto, há uma alternativa simples para contornar esse problema: a área sob a curva, entre a média e um ponto qualquer, é função do número de desvios padrões que esse ponto dista da média.

COMENTÁRIO

Se em duas distribuições normais qualquer ponto que se tome em cada uma delas dista da média o valor equivalente ao número de desvios padrões, a área entre o respectivo ponto e a média tem o mesmo tamanho nas duas distribuições.

Se fosse obtida a tabulação de uma distribuição normal em que os valores da variável aleatória correspondessem, exatamente, ao número de desvios padrões de distância da média, seria possível calcular a área entre esta e determinado ponto em qualquer distribuição normal. No entanto, para tal, seria preciso, primeiro, determinar quantos desvios padrões esse ponto dista da média.

Para determinar o número de desvios padrões que determinado ponto dista da média, deve-se, primeiro, obter a distância desse ponto em relação a ela.

Em seguida, deve-se dividir essa distância pelo valor do desvio padrão para que se possa obtê-la em números de desvio padrão:

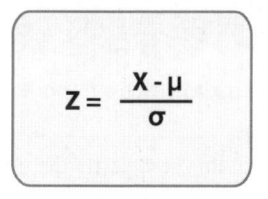

$$Z = \frac{X - \mu}{\sigma}$$

Dessa forma, se a conversão for efetuada, a nova variável aleatória (Z) terá distribuição normal para média igual a 0 e desvio padrão igual a 1.

Considerem-se:

Z = nova variável aleatória, expressa em termos do número de desvios padrões de distância da média;

X = valores da distribuição normal original;

μ = média da distribuição normal original;

σ = desvio padrão da distribuição normal original.

A distribuição de probabilidades da variável aleatória Z é chamada *distribuição normal padronizada*, e o processo de transformação dos valores dessa distribuição – que origina valores correspondentes aos da distribuição normal padronizada – chama-se *padronização*. A partir dessa distribuição tabulada, é possível determinar probabilidades em qualquer distribuição normal.

Como a média da distribuição normal padronizada é zero, os valores da distribuição normal original, quando padronizados, assumem valores positivos, quando são maiores do que a média; negativos, quando são menores do que a média; simétricos, quando têm a mesma distância da média.

Desse modo, a área sob a curva é a mesma, entre z = 1 (ou entre z = –1) e média = 0, em uma distribuição normal padronizada.

De acordo com a definição de variável aleatória, a soma de todas as probabilidades dos possíveis valores dessa variável é igual a 1.

Como a distribuição normal é simétrica em relação a sua média, esta divide aquela em duas partes iguais. Logo, existe uma área de 0,5 abaixo da média, bem como outra, de mesmo valor, acima desta:

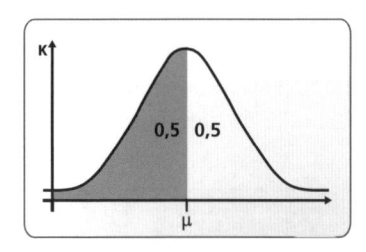

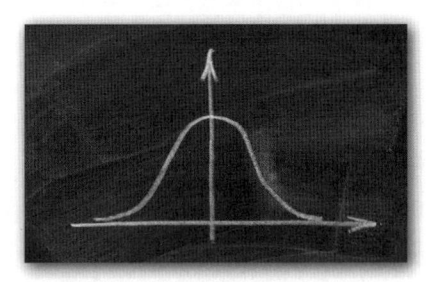

Por isso, a tabela das áreas sob a curva normal padronizada é elaborada apenas para os valores positivos.

Normalmente, os livros de estatística apresentam a tabela da distribuição normal padronizada, que representa a área sob a curva para os valores positivos de Z, no intervalo entre 0 e z.

Representam-se as áreas, respectivamente, pela fórmula e pela tabela apresentadas a seguir:

$$\Phi(z) = P(0 < Z < z) = \text{a área entre 0 e z}$$

Observação:
Na primeira coluna, tem-se a parte inteira e a primeira decimal do valor de z; na primeira linha, tem-se a segunda casa decimal do valor de z.

z	0,00	0,01	0,02	0,03	0,04	0,05	0,06	0,07	0,08	0,09
0,0	0,0000	0,0040	0,0080	0,0120	0,0160	0,0199	0,0239	0,0279	0,0319	0,0359
0,1	0,0398	0,0438	0,0478	0,0517	0,0557	0,0596	0,0636	0,0675	0,0714	0,0753
0,2	0,0793	0,0832	0,0871	0,0910	0,0948	0,0987	0,1026	0,1064	0,1103	0,1141
0,3	0,1179	0,1217	0,1255	0,1293	0,1331	0,1368	0,1406	0,1443	0,1480	0,1517
0,4	0,1554	0,1591	0,1628	0,1664	0,1700	0,1736	0,1772	0,1808	0,1844	0,1879
0,5	0,1915	0,1950	0,1985	0,2019	0,2054	0,2088	0,2123	0,2157	0,2190	0,2224
0,6	0,2257	0,2291	0,2324	0,2357	0,2389	0,2422	0,2454	0,2486	0,2517	0,2549
0,7	0,2580	0,2611	0,2642	0,2673	0,2704	0,2734	0,2764	0,2794	0,2823	0,2852
0,8	0,2881	0,2910	0,2939	0,2967	0,2995	0,3023	0,3051	0,3078	0,3106	0,3133
0,9	0,3159	0,3186	0,3212	0,3238	0,3264	0,3289	0,3315	0,3340	0,3365	0,3389
1,0	0,3413	0,3438	0,3461	0,3485	0,3508	0,3531	0,3554	0,3577	0,3599	0,3621
1,1	0,3643	0,3665	0,3686	0,3708	0,3729	0,3749	0,3770	0,3790	0,3810	0,3830
1,2	0,3849	0,3869	0,3888	0,3907	0,3925	0,3944	0,3962	0,3980	0,3997	0,4015
1,3	0,4032	0,4049	0,4066	0,4082	0,4099	0,4115	0,4131	0,4147	0,4162	0,4177
1,4	0,4192	0,4207	0,4222	0,4236	0,4251	0,4265	0,4279	0,4292	0,4306	0,4319
1,5	0,4332	0,4345	0,4357	0,4370	0,4382	0,4394	0,4406	0,4418	0,4429	0,4441
1,6	0,4452	0,4463	0,4474	0,4484	0,4495	0,4505	0,4515	0,4525	0,4535	0,4545
1,7	0,4554	0,4564	0,4573	0,4582	0,4591	0,4599	0,4608	0,4616	0,4625	0,4633
1,8	0,4641	0,4649	0,4656	0,4664	0,4671	0,4678	0,4686	0,4693	0,4699	0,4706
1,9	0,4713	0,4719	0,4726	0,4732	0,4738	0,4744	0,4750	0,4756	0,4761	0,4767
2,0	0,4772	0,4778	0,4783	0,4788	0,4793	0,4798	0,4803	0,4808	0,4812	0,4817
2,1	0,4821	0,4826	0,4830	0,4834	0,4838	0,4842	0,4846	0,4850	0,4854	0,4857
2,2	0,4861	0,4864	0,4868	0,4871	0,4875	0,4878	0,4881	0,4884	0,4887	0,4890
2,3	0,4893	0,4896	0,4898	0,4901	0,4904	0,4906	0,4909	0,4911	0,4913	0,4916
2,4	0,4918	0,4920	0,4922	0,4925	0,4927	0,4929	0,4931	0,4932	0,4934	0,4936
2,5	0,4938	0,4940	0,4941	0,4943	0,4945	0,4946	0,4948	0,4949	0,4951	0,4952
2,6	0,4953	0,4955	0,4956	0,4957	0,4959	0,4960	0,4961	0,4962	0,4963	0,4964
2,7	0,4965	0,4966	0,4967	0,4968	0,4969	0,4970	0,4971	0,4972	0,4973	0,4974
2,8	0,4974	0,4975	0,4976	0,4977	0,4977	0,4978	0,4979	0,4979	0,4980	0,4981
2,9	0,4981	0,4982	0,4982	0,4983	0,4984	0,4984	0,4985	0,4985	0,4986	0,4986
3,0	0,4987	0,4987	0,4987	0,4988	0,4988	0,4989	0,4989	0,4989	0,4990	0,4990
3,1	0,4990	0,4991	0,4991	0,4991	0,4992	0,4992	0,4992	0,4992	0,4993	0,4993
3,2	0,4993	0,4993	0,4994	0,4994	0,4994	0,4994	0,4994	0,4995	0,4995	0,4995
3,3	0,4995	0,4995	0,4995	0,4996	0,4996	0,4996	0,4996	0,4996	0,4996	0,4997
3,4	0,4997	0,4997	0,4997	0,4997	0,4997	0,4997	0,4997	0,4997	0,4997	0,4998
3,5	0,4998	0,4998	0,4998	0,4998	0,4998	0,4998	0,4998	0,4998	0,4998	0,4998
3,6	0,4998	0,4998	0,4999	0,4999	0,4999	0,4999	0,4999	0,4999	0,4999	0,4999
3,7	0,4999	0,4999	0,4999	0,4999	0,4999	0,4999	0,4999	0,4999	0,4999	0,4999
3,8	0,4999	0,4999	0,4999	0,4999	0,4999	0,4999	0,4999	0,4999	0,4999	0,4999
3,9	0,5000	0,5000	0,5000	0,5000	0,5000	0,5000	0,5000	0,5000	0,5000	0,5000

No corpo da tabela, quando linha e coluna se encontram, tem-se o valor correspondente à área respectiva.

Para z = 1,36, localiza-se, na primeira coluna, o valor correspondente à parte inteira e à primeira casa decimal – ou seja, o valor 1,3.

A seguir, localiza-se, na primeira linha, o valor correspondente à segunda casa decimal – ou seja, o valor 0,06, conforme a tabela:

Z	0,00	0,01	0,02	0,03	0,04	0,05	0,06	...
0,0	0,0000	0,0040	0,0080	0,0120	0,0160	0,0199	0,0239	...
0,1	0,0398	0,0438	0,0478	0,0517	0,0557	0,0596	0,0636	...
0,2	0,0793	0,0832	0,0871	0,0910	0,0948	0,0987	0,1026	...
0,3	0,1179	0,1217	0,1255	0,1293	0,1331	0,1368	0,1406	...
0,4	0,1554	0,1591	0,1628	0,1664	0,1700	0,1736	0,1772	...
0,5	0,1915	0,1950	0,1985	0,2019	0,2054	0,2088	0,2123	...
0,6	0,2257	0,2291	0,2324	0,2357	0,2389	0,2422	0,2454	...
0,7	0,2580	0,2611	0,2642	0,2673	0,2704	0,2734	0,2764	...
0,8	0,2881	0,2910	0,2939	0,2967	0,2995	0,3023	0,3051	...
0,9	0,3159	0,3186	0,3212	0,3238	0,3264	0,3289	0,3315	...
1,0	0,3413	0,3438	0,3461	0,3485	0,3508	0,3531	0,3554	...
1,1	0,3643	0,3665	0,3686	0,3708	0,3729	0,3749	0,3770	...
1,2	0,3849	0,3869	0,3888	0,3907	0,3925	0,3944	0,3962	...
1,3	0,4032	0,4049	0,4066	0,4082	0,4099	0,4115	0,4131	...
...	...	...	...	...	...	...	...	...

No cruzamento desses dois valores, encontra-se o valor correspondente a ϕ z (= 1,36), ou seja, o valor 0,4131.

Veja-se o resultado 0,4131 representado em uma tabela:

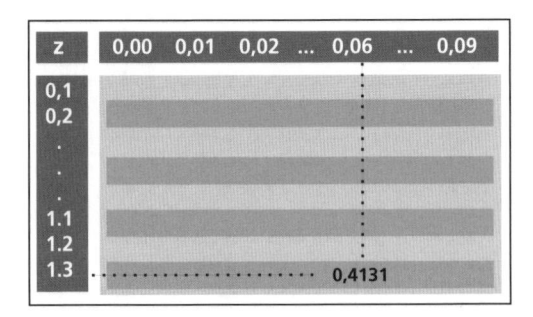

z	0,00	0,01	0,02	...	0,06	...	0,09
0,1							
0,2							
...							
1,1							
1,2							
1,3						0,4131	

Essa tabela também pode ser expressa por um gráfico:

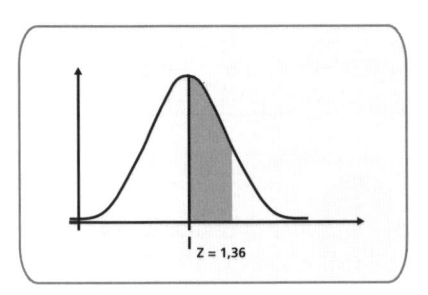

$Z = 1,36$

Para calcular probabilidades em uma distribuição normal qualquer – N (μ, s^2) –, deve-se, antes, padronizar os valores.

Áreas sob a curva normal

As necessidades de calcular as probabilidades de uma distribuição normal podem acarretar várias possibilidades de determinar as áreas sob a curva normal. Cada uma delas é apresentada a seguir:

- *área entre 0 e o ponto z_1*

A área entre 0 e o ponto z_1 é dada por:

$$P(0 < Z < z_1) = \Phi(z_1)$$

Insere-se o valor de z_1 no gráfico para obter-se o valor desejado:

$$P(z_1 < Z < z_2) = \Phi(z_2) - \Phi(z_1)$$

Considere-se a fórmula a seguir:

$$P(0 < Z < z_1) = \Phi(z_1)$$

Ao entrar com o valor de z_1 na tabela, tem-se:

$$P(0 < Z < 1{,}44) = \Phi(1{,}44) = 0{,}4251$$

- área entre z_1 e z_2 positivos e $z_2 > z_1$

Para z_1 e z_2 positivos e $z_2 > z_1$, tem-se:

$$P(z_1 < Z < z_2) = \Phi(z_2) - \Phi(z_1)$$

Segue o gráfico:

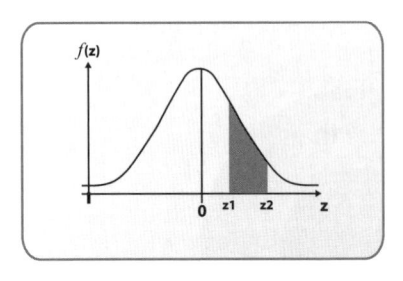

Tem-se, aqui, uma área entre dois valores maiores do que a média. No gráfico, a área requerida é igual à área de 0 a z_2 subtraída da área de 0 a z_1.

Considere-se, por exemplo, a fórmula a seguir:

$$P(z_1 < Z < z_2) = \Phi(z_2) - \Phi(z_1)$$

Para $z_1 = 0{,}72$ e $z_2 = 1{,}89$, tem-se:

$$P(0{,}72 < Z < 1{,}89) = \Phi(1{,}89) - \Phi(0{,}72) = 0{,}4706 - 0{,}2642 = 0{,}2064$$

- z_1 positivo e $P(Z > z_1)$

Para z_1 positivo, segue o gráfico:

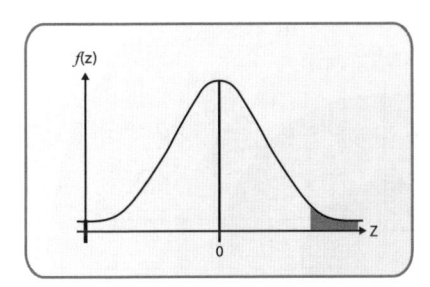

Como a área acima de 0 mede 0,5, para obter-se a área de 0 a z, basta inserir, na tabela, o valor de z.

Se a área desejada for maior que z, subtrai-se da área total (= 0,5) o valor da área de 0 a z.

Para z_1 positivo, por exemplo, tem-se:

$$P(Z > z_1) = 0,5 - \Phi(z_1)$$

Se $z_1 = 1,08$, tem-se:

$$P(Z > 1,08) = 0,5 - \Phi(1,08) = 0,5 - 0,3599 = 0,1401$$

- $z_1 < 0$ e $P(z_1 < Z < 0)$

Para $z_1 < 0$, tem-se:

$$P(z_1 < Z < 0) = \Phi(z_1)$$

Como a distribuição é simétrica, deve-se utilizar a área correspondente ao valor de z com o sinal positivo.

Veja-se o gráfico:

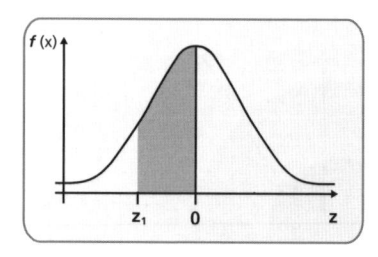

É preciso atentar para o fato de que a tabela da distribuição normal padronizada apresenta valores somente para o lado em que z assume valores positivos.

Veja-se fórmula, por exemplo:

$$P(z < Z < 0) = P(0 < Z < -z_1) = \Phi(-z_1)$$

Para $z_1 = -0,85$, tem-se que:

$$P(-0,85 < Z < 0) = P(0 < Z < 0,85) = \Phi(0,85) = 0,3023$$

- z_1 e z_2 negativos e $z_2 > z_1$

Para z_1 e z_2 negativos e $z_2 > z_1$, tem-se:

$$P(z_1 < Z < z_2) = P(z_1 < Z < z_2) = \Phi(z_2) - \Phi(z_1)$$

Trata-se, aqui, de uma área entre dois valores menores que a média. Veja-se o gráfico:

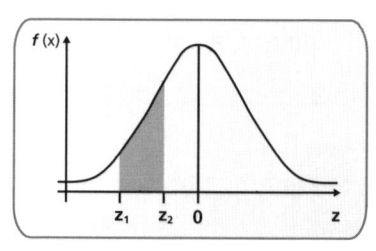

A área entre esses dois valores é a mesma quando trabalhamos com valores simétricos:

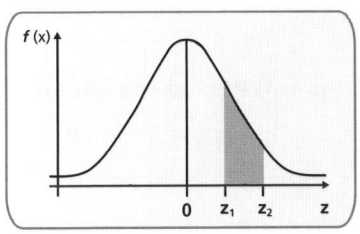

Se, por exemplo, $z_1 = -1,48$ e $z_2 = -0,85$, tem-se que:

$$P(-1,48 < Z < -0,85) = P(0,85 < Z < 1,48) = \Phi(1,48) - \Phi(0,85) = 0,4306 - 0,3023 = 0,1283$$

- z_1 negativo e $P(Z < z_1)$

Veja-se a fórmula:

$$P(Z < z_1) = P(Z > -z_1) = 0,5 - \Phi(-z_1)$$

Graficamente:

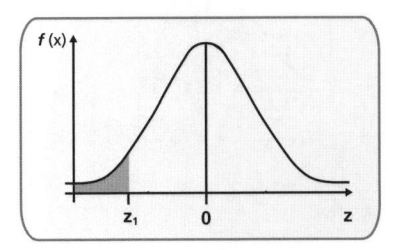

Veja-se a fórmula:

$$P(Z < z_1) = P(Z > -z_1) = 0,5 - \Phi(-z_1)$$

Para $z_1 = -0,66$:

$$P(Z < -0,66) = P(Z > 0,66) =$$
$$0,5 - \Phi(0,66) = 0,5 - 0,2454 = 0,2546$$

- z_1 negativo e z_2 positivo

Para z_1 negativo e z_2 positivo, tem-se:

$$P(z_1 < Z < z_2) = P(z_1 < Z < 0) + P(0 < Z < z_2) = P(0 < Z < -z_1) + P(0 < Z < z_2) = \Phi(-z_1) + \Phi(z_2)$$

Graficamente, essa área fica da seguinte forma:

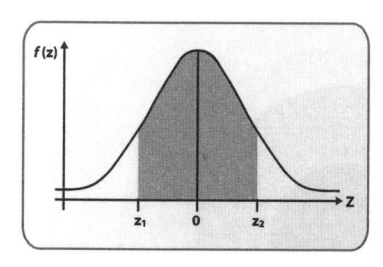

Se z_1 é negativo e z_2 positivo:

$$P(z_1 < Z < z_2) = P(z_1 < Z < 0) + P(0 < Z < z_2) = P(0 < Z < -z_1) + P(0 < Z < z_2) = \Phi(-z_1) + \Phi(z_2)$$

Para $z_1 = -1{,}48$ e $z_2 = 2{,}05$:

$$P(z_1 < Z < z_2) = P(z_1 < Z < 0) + P(0 < Z < z_2) = P(0 < Z < -z_1) + P(0 < Z < z_2) = \Phi(-z_1) + \Phi(z_2)$$

$z_1 = -z_2$
Quando $z_1 = -z_2$, tem-se um caso particular:

$$P(-1{,}32 < Z < 1{,}32) = P(-1{,}32 < Z < 0) + P(0 < Z < 1{,}32) = P(0 < Z < 1{,}32) + P(0 < Z < 1{,}32) = \Phi(1{,}32) + \Phi(1{,}32) = 2 \cdot \Phi(1{,}32) = 2 \times 0{,}4066 = 0{,}8132$$

Analise-se um exemplo de distribuição normal

Ao avaliar seus produtos, um fabricante constatou que o tempo de vida útil de um equipamento seguia uma distribuição normal, com média de 4 mil horas de duração e desvio padrão de 5 mil horas. Contudo, um cliente gostaria de saber a probabilidade de esse equipamento durar de 4 mil a 4,5 mil horas. A probabilidade de o equipamento durar de 4 mil a 4,5 mil horas equivale à área sob a curva normal entre esses dois pontos.

No gráfico:

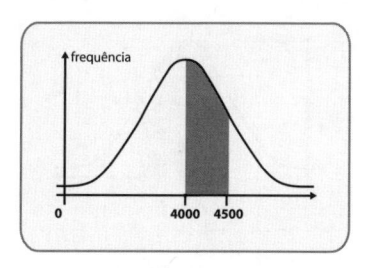

Em uma distribuição normal qualquer, não é possível determinar essa área. Logo, é preciso determinar os valores correspondentes em uma distribuição normal padronizada, por meio da fórmula a seguir:

$$z = \frac{x - \mu}{\sigma}$$

Dessa forma, para x = 4.000:

$$z = \frac{4.000 - 4.000}{500} = \frac{0}{500} = 0$$

O cálculo desse valor não era necessário, já que 4.000 é a média da distribuição normal, e o valor correspondente da média da distribuição normal na distribuição normal padronizada é sua média, ou seja, 0. Logo, para x = 4.500:

$$z = \frac{4.500 - 4.000}{500} = \frac{500}{500} = 1$$

A área sob a curva normal da distribuição da vida útil dos equipamentos, entre 4 mil e 4,5 mil horas, corresponde à mesma área compreendida entre os pontos 0 e 1 na distribuição normal padronizada:

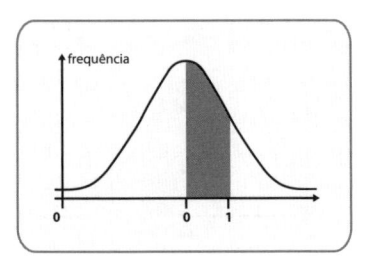

Insere-se, então, o valor de z = 1,00 na tabela de distribuição normal padronizada, para que se possa saber a área entre 0 e 1, e obtém-se 0,3413. Consequentemente, a probabilidade de esse equipamento durar de 4 mil a 4,5 mil horas é 0,3413 ou 34,13%.

Capítulo 4

Técnicas de estatística inferencial

Neste capítulo, serão introduzidos os conceitos de *população*, *amostra* e *estimadores*. A seguir, serão apresentadas algumas das técnicas de estimação dos principais parâmetros estatísticos. Será visto, ainda, o método de regressão linear simples, que nos permite avaliar a relação entre duas variáveis de uma mesma população.

Noções de amostragem

Fala-se de amostragem quando se prova uma comida para verificar seu sabor, quando a passadeira encosta rapidamente o dedo no ferro de passar roupa para verificar se está quente ou quando se pergunta a um pequeno grupo de eleitores em qual candidato votarão, com o objetivo de avaliar o percentual de votos de determinado candidato na eleição.

Amostra

A *amostra* é uma pequena parte extraída de um todo chamado *população*. Sua finalidade é fornecer informações para que se possa avaliar como o todo se comporta, ou seja, para que seja possível inferir algo sobre uma população.

Conceitos básicos

Pesquisa por amostragem

A elaboração de um projeto de pesquisa por amostragem objetiva a investigação do comportamento de um fenômeno e envolve a determinação do número de observações que serão necessárias para autorizar induções, conclusões e generalizações sobre esse fenômeno. Para determinar esse número, é necessário conhecer as técnicas da teoria da amostragem.

Um projeto de pesquisa por amostragem deve considerar a precisão e a confiança depositadas nas inferências.

População

Sabe-se que a *amostra* é uma pequena parte de uma população. Esta, por seu turno, é um conjunto finito de N elementos, definido como o conjunto de unidades passíveis de observação e portadoras de determinações numéricas dos fatos que constituem o objeto da investigação – pessoas, veículos, residências, empresas etc.

Estatística inferencial

A estatística indutiva – ou inferencial – estabelece o ferramental teórico que possibilita a tomada de decisão sobre uma população de tamanho N, com base nas informações de uma dada amostra de tamanho n. Esta, por sua vez, pode ser selecionada de várias maneiras, conforme as características do estudo.

Amostragem aleatória simples

A forma mais simples de extração de uma amostra é a amostragem aleatória simples. Uma experiência aleatória pode consistir em selecionar uma unidade da população estudada e sortear um elemento pertencente a esta.

Se essa experiência for realizada n vezes, de modo que a probabilidade de seleção de um elemento qualquer seja constante para todos os elementos, estará formado um conjunto de indivíduos, isto é, um subconjunto da população. Por outras palavras, estará formada uma amostra aleatória simples.

A população é constituída dos elementos que poderão ser selecionados – sorteados – para compor a amostra, com base na qual as medidas serão calculadas.

Estimação pontual

Acontece quando o estimador é determinado através de um único valor.

Estimador

Sabe-se que as estatísticas constituem os parâmetros determinados por meio de dados amostrais.

Para que se estabeleça um parâmetro qualquer de uma população (média, variância etc.), é necessário lançar mão do *estimador*, pois ele é justamente a estatística que irá calcular esse parâmetro e auxiliar a organizar as informações.

Média e variância da amostra

O cálculo da média de uma amostra é expresso, em termos de somatório, por:

$$\bar{x} = \frac{\sum_{i=1}^{n} x_i}{n}$$

Considerem-se:

$\bar{x}$ = média da amostra;

n = número de elementos da amostra, ou seja, o tamanho dela.

A título ilustrativo, considere-se que as notas de matemática de uma amostra de quatro estudantes de uma turma foram 5, 7, 8 e 4. Para determinar a nota média desses estudantes, será preciso calcular a média da amostra:

$$\bar{x} = \frac{\sum_{i=1}^{4} x_i}{4} = \frac{x_1 + x_2 + x_3 + x_4}{4} = \frac{5+7+8+4}{4} = \frac{24}{4} = 6$$

A nota média de matemática da amostra considerada é 6.

A variância da amostra fornece uma estimativa não tendenciosa da variância da população. É representada por s^2 e definida da seguinte forma:

$$s^2 = \frac{\sum_{i=1}^{n} (x_i - \bar{x})^2}{n-1}$$

Tome-se como exemplo uma amostra de cinco estudantes em que uma avaliação de autoestima forneceu os escores 16, 5, 18, 9 e 11. O escore médio e a variância dessa amostra são, respectivamente:

$$\bar{x} = \frac{\sum_{i=1}^{n}}{n} = \frac{16 + 5 + 18 + 9 + 11}{5} = \frac{59}{5} = 11,8$$

$$s^2 = \frac{\sum_{i=1}^{n}(x_i - \bar{x})^2}{n-1}$$

$$s^2 = \frac{(16 - 11,8)^2 + (5 - 11,8)^2 + (18 - 11,8)^2 + (9 - 11,8)^2 + (11 - 11,8)^2}{5-1}$$

$$s^2 = \frac{110,8}{4} = 27,7$$

Desvio padrão e coeficiente de variação da amostra

Em estatística descritiva, o desvio padrão é a raiz quadrada positiva da variância. Assim, o desvio padrão amostral é definido por:

$$s = \sqrt{s^2} = \sqrt{\frac{\sum_{i=1}^{n}(x_i - x)^2}{n-1}}$$

O coeficiente de variação da amostra é calculado por meio da razão entre o desvio padrão amostral e a média amostral:

$$CV = \frac{s}{\bar{x}}$$

Veja-se o seguinte exemplo: os corredores de 400 m e 1.600 m de um time registraram os seguintes tempos em minutos:

400 m	0,92	0,98	1,04	0,90	0,99
1600 m	4,52	4,35	4,60	4,70	4,50

Segundo um dos treinadores, os corredores de 400 m apresentaram tempos mais constantes do que os de 1.600 m.

Por meio do cálculo do coeficiente de variação, pode-se confirmar essa hipótese.

Para os tempos dos atletas de 400 m:

$$\bar{x} = \frac{\sum x_i}{n} = 0,97$$

$$s = \sqrt{\frac{\sum_{i=1}^{n}(x_i - \bar{x})^2}{n-1}} = 0,05657$$

$$CV = \frac{s}{\bar{x}} = \frac{0,05657}{0,97} = 0,0583 \text{ ou } 5,83\%$$

Para os tempos dos atletas de 1.600 m:

$$\bar{x} = 4,53$$

$$s = 0,1296$$

$$CV = \frac{s}{\bar{x}} = \frac{0,1296}{4,53} = 0,0286 \text{ ou } 2,86\%$$

Os dois coeficientes de variação mostram que os atletas de 1.600 m apresentam tempos mais constantes.

Estimativa

Quando um parâmetro qualquer de uma população não é conhecido, é possível estimá-lo, pois a estatística pode fornecer a estimativa mais próxima do seu verdadeiro – mas desconhecido – valor.

A estimativa é o resultado da aplicação da fórmula do estimador sobre os valores de uma amostra efetiva, o que resultará em um único número.

Regressão linear simples

A regressão linear simples é um método que permite ajustar uma amostra de pares de variáveis à equação de uma reta. Nesse tipo de amostra, é preciso observar o resultado de cada variável em situações simultâneas; de posse da amostra, podem-se estimar os parâmetros que caracterizam uma reta de regressão.

Assim, por exemplo, no estudo da relação entre *renda* e *consumo familiar*, é necessário que haja uma amostra que possa fornecer, para cada família, sua renda e seu consumo; no estudo da relação entre *volume de chuva* e *produção de laranjas*, é preciso observar, durante alguns anos, a quantidade de chuva no período de floração e a quantidade produzida de laranjas.

A regressão, cuja finalidade é estimar valores de uma variável com base em valores conhecidos de outra, é bastante útil quando duas variáveis medem, aproximadamente, a mesma coisa, e o levantamento de informações referentes a uma delas é muito caro – ou difícil de ser obtido.

Para saber a renda de uma população, pode-se fazer uma pesquisa sobre orçamentos familiares – base da estrutura de índices de preços ao consumidor. Entretanto, as famílias com renda mais baixa tendem a informar uma renda maior do que sua renda real; da mesma forma, as famílias com renda muito alta tendem a informar renda menor do que sua renda real.

Para contornar esse problema e estimar a renda dessa população, utiliza-se a variável *consumo* – intimamente ligada à renda –, que se torna mais real quando informada e detalhada em relação a produtos e serviços.

Equação linear ou reta de regressão

Em matemática, uma equação linear tem a forma a seguir:

Y = a + bx

Graficamente, podem-se representar várias retas com base em equações lineares:

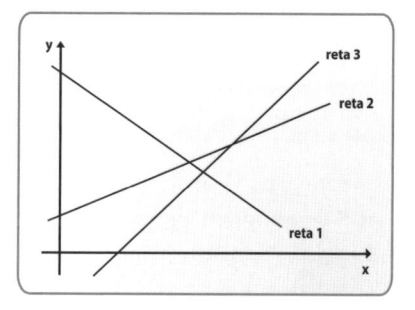

Coeficientes da reta

Dois parâmetros determinam o comportamento de uma reta – os valores de *a* e *b*, que são conhecidos como os *coeficientes da reta*. Definidos **a** e **b**, tem-se o gráfico ou a expressão da reta definida.

O coeficiente **a** é o coeficiente linear, também conhecido como *intercepto*, que significa o ponto onde a reta corta o eixo da variável y (= eixo perpendicular) e está expresso na unidade de medida da variável y, ou seja, significa o valor que y assume quando x é igual a zero.

O coeficiente **b**, denominado *coeficiente angular* ou *coeficiente de inclinação da reta*, indica a variação de y quando x varia em uma unidade.

Assim, conclui-se que a unidade de medida de **b** é a razão entre a unidade de medida de y pela unidade de medida de x:

$$b = \frac{\Delta y}{\Delta x}$$

COMENTÁRIO

O valor do coeficiente **a**, ou intercepto, quase sempre não tem significado lógico. Afinal, qual seria a renda de uma família se ela não consome nada? E a produção de laranjas quando não chove no período de floração? Será a mesma?

Note-se que é preciso tomar muito cuidado, principalmente quando se quer usar a reta de regressão para fazer previsões em relação a valores de x diferentes dos valores observados na amostra utilizada no estudo. Por isso, as previsões devem se restringir ao intervalo em que a variável x foi observada.

Para clarificar esses conceitos, tomem-se os exemplos que se seguem.

Para estimar a renda das famílias por meio de seu consumo, são dados:

y = renda = variável a ser explicada;

x = consumo = variável que irá explicar y.

Dessa forma, pode-se dizer que y é a variável explicada, e x, a explicativa.

Se as duas estiverem representadas em R$, a unidade de medida de **b** será R$/R$. Por outras palavras, trata-se de uma medida relativa que equivale ao número de reais que serão incrementados à renda para cada real destinado ao consumo.

Já no caso de uma plantação de laranjas, y = produção de laranjas – isto é, a variável a ser explicada –, que pode ser medida em toneladas; x = quantidade de chuva no período de floração, que pode ser expressa em mm³.

Portanto, o coeficiente **b** (expresso em toneladas/mm³ – toneladas por *milímetro cúbico*) representará a quantidade de laranjas para cada mm³ de chuva que cair no período de floração das plantas.

Determinação dos valores

Para que uma reta seja definida completamente, faz-se necessário determinar seus coeficientes **a** e **b**. O processo utilizado para determinar esses parâmetros intitula--se *método dos mínimos quadrados*, que consiste em determinar os valores para **a** e **b** que minimizam a soma dos quadrados dos resíduos, ou seja, com esse método, viabiliza-se a melhor reta que pode ser obtida para explicar a tendência na relação entre duas variáveis.

Veja-se o exemplo de uma fábrica que produz determinada peça para a indústria automobilística e, mensalmente, aloca mão de obra para o processo de produção de acordo com a demanda do produto.

Em 10 meses, a produção e a mão de obra alocada foram:

Mês	Mão de obra alocada (x) homem/hora	Unidades produzidas (y) em mil unidades
1	20	65
2	30	65
3	30	75
4	40	92
5	50	95
6	60	120
7	60	130
8	60	145
9	70	140
10	80	170

A partir dos dados obtidos, pode-se construir um gráfico com os pares de valores x e y:

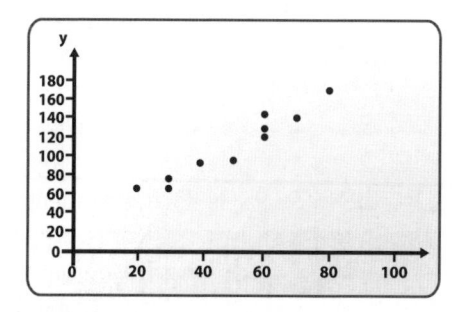

O método dos mínimos quadrados consiste em determinar a reta que melhor se ajusta aos pontos do gráfico; ajustar, nesse caso, significa passar *o mais próximo possível* de todos os pontos referentes aos pares observados.

Os pontos não estão alinhados; por isso, a melhor reta passará por alguns deles, mas não conseguirá passar por cima de todos; entre os que sobrarem e a reta haverá uma distância – é a esta que chamamos *resíduos*.

Logo, o método determina a reta que produz o menor valor para a soma dos quadrados dessas distâncias.

Valores de a e b

Os valores de **a** e **b** para a reta estimada ou reta de regressão, representada por y (estimado) = a + bx, são dados pelas seguintes expressões:

$$b = \frac{n \cdot \left(\sum_{i=1}^{n} x_i \cdot y_i\right) - \left(\sum_{i=1}^{n} x_i\right) \cdot \left(\sum_{i=1}^{n} y_i\right)}{\left(\sum_{i=1}^{n} x_i^2\right) - \left(\sum_{i=1}^{n} x_i\right)^2}$$

$$a = \frac{\sum_{i=1}^{n} y_i - b \left(\sum_{i=1}^{n} x_i\right)}{n}$$

Para calcular os parâmetros **a** e **b** (veja-se o exemplo anterior, da fábrica de peça para a indústria automobilística), além do número de observações (n = 10), serão necessárias as seguintes somas:

$$\sum_{i=1}^{n} x_i \; ; \; \sum_{i=1}^{n} y_i \; ; \; \sum_{i=1}^{n} x_i^2 \; ; \; \sum_{i=1}^{n} x_i y_i$$

As somas são necessárias para complementar a tabela:

Mês	Mão de obra alocada (x) homem/hora	Unidades produzidas (y) em mil unidades	X²	XY
1	20	65	400	1.300
2	30	65	900	1.950
3	30	75	900	2.250
4	40	92	1600	3.680
5	50	95	2.500	4.750
6	60	120	3.600	7.200
7	60	130	3.600	7.800
8	60	145	3.600	8.700
9	70	140	4.900	9.800
10	80	170	6.400	13.600
Total	500	1.097	28.400	61.030

A partir da tabela, para determinar os parâmetros, veja-se o cálculo:

$$b = \frac{10 \cdot (61030) - (500)(1097)}{10 \cdot (28400) - (500)^2} = 1,817647 \cong 1,818$$

$$a = \frac{1097 - 1,817647 \times 500}{10} = 18,818$$

x

Considere-se a equação de regressão para calcular o significado de cada coeficiente:

y estimado = **18,818 + 1,818 . x**

O *intercepto* significa o valor de y quando x = 0, o que significa que, se não for alocada nenhuma quantidade de mão de obra (x = 0), ainda assim haverá uma produção de 18.818 peças por mês.

A unidade de medida de **a** é igual à da variável y – produção em mil unidades, ou seja, y = 18,818 mil peças ou 18.818 peças. O valor de **b** (coeficiente angular) = 1,818 significa que, para cada *homem por hora/mês* alocado no processo de produção, haverá um incremento de 1,818 mil peças ou 1.818 peças.

> **COMENTÁRIO**
>
> Obter a equação da reta não autoriza a utilizá-la para fazer previsões – não antes de avaliações preliminares para que se tenha alguma ideia da eficácia e da adequação da equação aos dados. Já para a validação completa do modelo, várias análises são necessárias, mas exigem conhecimentos que vão além dos disponibilizados aqui.

Coeficiente de determinação

Quando se analisa o comportamento de uma variável, além de se determinar o parâmetro que irá representá-la por meio de seu valor único, por exemplo, a média, é preciso focar o modo como os valores se comportam em torno do valor médio, isto é, qual o seu grau de dispersão, medido, principalmente, pela variância.

No caso da regressão linear simples, estima-se a relação entre duas variáveis, ou seja, estima-se a variável y por meio de sua relação com a outra variável (a + bx). Assim, é necessário avaliar quanto de variação da variável dependente y pode ser explicado pela equação estimada.

O coeficiente de determinação R^2 exprime essa quantidade em termos relativos; por ser uma medida relativa, os valores que pode assumir variam de 0 a 1. Quanto maior for esse coeficiente, melhor será a capacidade da reta de regressão estimada para prever valores de y.

O coeficiente de determinação é assim calculado...

$$R^2 = \frac{\sum_{i=1}^{n}(y_{est} - \bar{y})^2}{\sum_{i=1}^{n}(y_i - \bar{y})^2}$$

Onde...
- y_i são os valores observados de y;
- y_{est} são os valores calculados de y utilizando-se a reta estimada;
- $\bar{y}$ é a média dos valores de y.

A partir do mesmo exemplo (= relação entre produção e mão de obra alocada), antes de calcular o R^2, é preciso que a média de y e as duas somas sejam calculadas:

$$\sum_{i=1}^{n}(y_{est} - \bar{y})^2 \quad \sum_{i=1}^{n}(y_i - \bar{y})^2$$

Essas somas podem ser calculadas com o auxílio da tabela a seguir:

Mês	Mão de obra alocada (x) homem/hora	Unidades produzidas (y) em mil unidades	X²	XY	y_{est}	$y_{est} - y_{med}$	$y_i - y_{med}$	$(y_{est} - y_{med})^2$	$(y_i - y_{med})^2$
1	20	65	400	1.300	55,17	-54,53	-44,70	2.973,46	1.998,09
2	30	65	900	1.950	73,35	-36,35	-44,70	1.321,54	1.998,09
3	30	75	900	2.250	73,35	-36,35	-34,70	1.321,54	1.204,09
4	40	92	1600	3.680	91,52	-18,18	-17,70	330,38	313,29
5	50	95	2.500	4.750	109,70	0,00	-14,70	0,00	216,09
6	60	120	3.600	7.200	127,88	18,18	10,30	330,33	106,09
7	60	130	3.600	7.800	127,88	18,18	20,30	330,38	412,09
8	60	145	3.600	8.700	127,88	18,18	35,30	330,38	1.246,09
9	70	140	4.900	9.800	146,05	36,35	30,30	1.321,54	918,09
10	80	170	6.400	13.600	164,23	54,53	60,30	2.973,46	3.636,09
Total	500	1.097	28.400	61.030	—	—	—	11.233,06	12.048,10

Para determinar o valor médio de y, tem-se:

$$\bar{y} = \frac{\sum_{i=1}^{n} y_i}{n} = \frac{1097}{10} = 109,7$$

O cálculo do R² será então:

$$R^2 = \frac{\sum_{i=1}^{n}(y_{est} - \bar{y})^2}{\sum_{i=1}^{n}(y_i - \bar{y})^2} = \frac{11.233,06}{12.048,18} = R^2 = 0,9324 \text{ ou } 93,24\%$$

Isso quer dizer que a reta de regressão estimada explica 93,24% da variação de y. Esse resultado é excepcional e muito difícil de ocorrer.

Capítulo 5

Números-índice

Neste capítulo será estudado o número-índice, uma medida utilizada para comparar valores de determinada variável ao longo do tempo ou entre localidades distintas. Serão vistos, também, os métodos de cálculo de índices de preço – métodos agregativo simples, das médias simples de relativos e agregativo ponderado. Finalmente, serão apresentadas as técnicas de deflação de uma série temporal.

Número-índice

Número-índice é uma medida estatística idealizada que serve para comparar uma variável ou grupos de variáveis relacionadas entre si para que se obtenha um quadro simples e resumido das mudanças significativas em áreas relacionadas a preço, volume e quantidade.

Por meio dos números-índice, podem-se comparar variações ocorridas ao longo do tempo; diferenças entre lugares; diferenças entre categorias semelhantes, como produtos, pessoas, organizações.

> **EXEMPLO**
> São exemplos de aplicações de números-índice: comparar os custos de alimentação em uma cidade, em épocas diferentes; os custos de vida em uma cidade, em épocas diferentes; os salários entre empresas ou localidades; a produção entre empresas ou localidades em épocas diferentes; a produção de empresas ou localidades em épocas diferentes.

Conceituação de preços relativos

A quantidade total de dinheiro gasto a cada ano – em relação a um ano-base – varia de um ano para outro; isso acontece porque tanto o número de unidades compradas (de diferentes artigos) quanto os preços unitários (desses artigos) não são fixos.

Há, portanto, três variáveis em jogo – preço, quantidade e *valor* (= resultado do produto do preço pela quantidade).

O relativo de preço (= preços relativos), número-índice mais simples, equivale à relação entre o preço de um produto, em período determinado, e o seu preço em outro período – período-base ou período de referência.

O relativo de preço é definido da seguinte forma:

$$\text{preço relativo} = \frac{p_t}{p_o}$$

Considerem-se:

Pt = preço na época atual;

Po = preços na época base.

Para expressar percentualmente o relativo de preço, basta multiplicar o quociente por 100.

Em 2003, por exemplo, o preço de um pão de queijo era R$ 1,20; em 2004, o mesmo produto já estava por R$ 1,38.

O cálculo do preço relativo do pão de queijo em 2004 tomará por base o ano de 2003. Vale salientar que o ano-base corresponde sempre ao índice igual a 100; já os demais anos apresentam valores que flutuam em torno de 100. Seguem os cálculos:

$$\text{preço relativo} = p_{2004/2003} = \frac{1,38}{1,20} = 1,15 \text{ ou } 115\%$$

Ou seja, em 2004, houve um aumento de 15% no preço de um pão de queijo, em relação a seu preço em 2003.

Para a situação inversa, são dados: ano-base = 2004; ano dado = 2003;

$$\text{preço relativo} = p_{2004/2003} = \frac{1,20}{1,38} = 0,87 \text{ ou } 87\%$$

> **COMENTÁRIO**
>
> Em particular, o preço relativo que corresponde a um período-base é sempre 100. Esse fato explica a notação frequentemente encontrada nas publicações sobre números-índice, que consiste em escrever, por exemplo, base: 1994 = 100. Vale salientar, ainda, que o preço relativo de certo período – em relação ao mesmo período – é sempre 1 ou 100%.

Volumes relativos

Assim como é possível comparar os preços de produtos, também o é em relação à quantidade ou volume, ou seja, aos volumes relativos ou relativos de quantidade.

Se q_t = quantidade de um produto na época atual, na época t; se q_0 = quantidade desse mesmo produto na *época zero*, na época-base, a quantidade ou volume relativo será:

$$\text{quantidade ou volume relativo} = \frac{q_t}{q_0}$$

O volume relativo representa a variação da quantidade de um produto na época t em relação a uma época 0, ou seja, à época-base.

Considere, por exemplo, a produção anual de um componente de veículos automotores da Empresa A&B que é dada pela tabela a seguir:

Anos	Unidades produzidas do componente
2000	71.713
2001	59.419
2002	55.874
2003	64.511
2004	69.993
2005	47.022
2006	37.566

É possível reduzir os dados a quantidades relativas:

$$\text{quantidade relativa} = \frac{q_t}{q_o}$$

Por hipótese, q_0 correspondente ao ano de 2003:

$$QR_{2000/2003} = \frac{71.713}{64.511} = 1{,}11164 \text{ ou } 111{,}164\%$$

$$QR_{2001/2003} = \frac{59.419}{64.511} = 0{,}92107 \text{ ou } 92{,}107\%$$

$$QR_{2002/2003} = \frac{55.874}{64.511} = 0{,}86612 \text{ ou } 86{,}612\%$$

$$QR_{2003/2003} = \frac{64.511}{64.511} = 1{,}00000 \text{ ou } 100{,}000\%$$

$$QR_{2004/2003} = \frac{69.993}{64.511} = 1{,}08498 \text{ ou } 108{,}498\%$$

$$QR_{2005/2003} = \frac{47.022}{64.511} = 0{,}72890 \text{ ou } 72{,}890\%$$

$$QR_{2006/2003} = \frac{37.566}{64.511} = 0{,}58232 \text{ ou } 58{,}232\%$$

Valor relativo

Se p é o preço de um produto durante um período de tempo; se q é a quantidade produzida ou vendida desse produto durante esse período de tempo, pq é o valor total.

Se p_0 e q_0 representam, respectivamente, o preço e a quantidade de um produto durante um período-base; se p_n e q_n representam essas grandezas em determinada época, os valores totais são dados por v_0 e v_n, respectivamente, e definidos por:

$$\text{valor relativo} = \frac{V_n}{V_o} = \frac{p_n \cdot q_n}{p_o \cdot q_o} = \frac{p_n}{p_o} \cdot \frac{q_n}{q_o}$$

$$= \text{preço relativo} \times \text{quantidade relativa}$$

> **COMENTÁRIO**
> É importante notar que as mesmas observações, notações e propriedades pertinentes aos preços relativos podem ser aplicadas aos valores relativos.

Em janeiro de 2006, uma empresa pagou um total de R$ 400 mil a 120 empregados incluídos na folha de pagamento.

Em julho do mesmo ano, a empresa havia contratado mais 30 empregados; com isso, pagou R$ 60 mil a mais do que em janeiro.

Para determinar o valor relativo da despesa com mão de obra em julho de 2006, considere-se esse ano como ano-base:

$$\text{valor relativo} = \frac{V_n}{V_o} = \frac{400.000 + 60.000}{400.000} = 1,15$$

Ou seja, ocorreu um aumento na folha de pagamento de 15%.

Índices e métodos

O cálculo de índices pressupõe uma "cesta", isto é, uma relação de componentes que agregados de diferentes formas apresentam uma medida de variação em diversas épocas ou locais. A seguir apresentamos alguns métodos de cálculo de índices.

Método agregativo simples

Na prática, não é muito interessante comparar preços, quantidades ou valores de um único produto, mas de grandes grupos de produtos.

Quando o índice de preços ao consumidor (IPC) é calculado, o objetivo não é apenas comparar o preço de um produto consumido por uma família em um período em relação ao preço de outro período. Para obter um quadro geral dos preços, é preciso comparar também os preços dos itens de alimentação, aluguéis, roupas etc.

Com o método agregativo simples de cálculo de um índice de preços, é possível expressar o total dos preços, em um dado período, em percentagem do total dos preços dos produtos no ano-base.

Ou seja:

$$\text{índice de preços agregativo simples} = \frac{\sum P_n}{\sum P_0}$$

Considerem-se:

$\sum P_n$ = soma de todos os preços dos produtos no período desejado;

$\sum P_0$ = soma de todos os preços dos produtos no período-base.

> **COMENTÁRIO**
>
> Embora o método agregativo simples seja fácil de aplicar, ele apresenta duas grandes desvantagens: não considera a importância relativa dos vários produtos, isto é, atribui o mesmo peso a vários produtos e, além disso, as unidades particulares adotadas para a fixação dos preços – como metro, quilo e litro – afetam o valor do índice.

Tome-se, como exemplo, um profissional especializado que resolve analisar os preços médios de um produtor rural para leite, manteiga e queijo nos anos de 2004, 2005 e 2006.

O cálculo do índice agregativo simples dos preços desses produtos para o ano de 2006 tomará o ano de 2004 como base:

Produto	2004	2005	2006
Leite	0,98	1,02	1,19
Manteiga	16,20	17,80	21,40
Queijo	19,90	21,70	24,30

Seguem os cálculos:

$$I = \frac{\sum P_n}{\sum P_0} = \frac{1,19 + 21,40 + 24,30}{0,98 + 16,20 + 19,90} = \frac{46,89}{37,08} = 1,2646$$

Método das médias simples de relativos

No método das médias simples de relativos, há várias possibilidades de cálculo, dependendo do processo adotado para a determinação da média dos preços relativos: média aritmética; média geométrica; média harmônica ou mediana.

Se o processo adotado for o da média aritmética: *média aritmética simples dos preços relativos* = $\Sigma_n / p_0 / N$.

Considerem-se:

Σ_n / p_0 = soma de todos os preços relativos de n produtos;
N = número de produtos utilizados no cálculo.

O especialista do exemplo anterior usará, agora, o método das médias simples de relativos. Segue a tabela dos laticínios:

Produto	2004	2005	2006
Leite	0,98	1,02	1,19
Manteiga	16,20	17,80	21,40
Queijo	19,90	21,70	24,30

Para o cálculo do índice de 2006, será adotado o ano-base de 2004:

$$\text{relativo do leite} = \frac{1,19}{0,98} = 1,21429$$

$$\text{relativo da manteiga} = \frac{21,40}{16,20} = 1,32099$$

$$\text{relativo do queijo} = \frac{24,30}{19,90} = 1,22111$$

$$\text{média dos preços relativos} = \frac{1,21429 + 1,32099 + 1,22111}{3} = \frac{3,75639}{3} = 1,25213$$

Por esse método, os preços estão maiores em 25,21%.

Método agregativo ponderado

Índice de Laspeyres

Para superar as desvantagens do método agregativo simples, deve-se atribuir um peso conveniente ao preço de cada produto, uma vez que esse peso indica a importância de cada produto particular.

O índice de Laspeyres é um índice de preço agregativo ponderado em relação às quantidades do ano-base. Para calculá-lo, basta usar a fórmula a seguir:

$$i_L = \frac{\sum_{i=1}^{n} p_t^i \, q_o^i}{\sum_{i=1}^{n} p_o^i \, q_o^i}$$

Os preços e as quantidades consumidas de vários metais não ferrosos, por exemplo, nos anos de 1969 e 1977, estão relacionados na tabela:

Metais não ferrosos	Preços		Quantidades	
	1969	1977	1969	1977
Alumínio	17,00	27,52	1.357	2.698
Cobre	19,36	29,99	2.144	2.478
Chumbo	15,18	14,46	1.916	2.276
Estanho	99,32	96,17	161	186
Zinco	12,15	11,40	1.872	1.424

Para o cálculo do índice de preços de 1977, será adotado o ano-base de 1969:

$$I_{t/0} = \frac{\sum_{i=1}^{n} p_t^i \cdot q_o^i}{\sum_{i=1}^{n} p_o^i \cdot q_o^i}$$

Segue a nova tabela:

Metais não ferrosos	Preços		Quantidades		$P_0 Q_0$	$P_T Q_0$
	$1969 = P_0$	$1977 = P_T$	$1969 = Q_0$	$1977 = Q_T$		
Alumínio	17,00	27,52	1.357	2.698	23.069,00	37.344,64
Cobre	19,36	29,99	2.144	2.478	41.507,84	64.298,56
Chumbo	15,18	14,46	1.916	2.276	29.084,88	27.705,36
Estanho	99,32	96,17	161	186	15.990,52	15.483,37
Zinco	12,15	11,40	1.872	1.424	22.744,80	21.340,80
					132.397,04	166.172,73

O resultado dos cálculos:

$$I_{t/0} = \frac{166.172,73}{132.397,04} = 1,2551$$

Ou seja, de 1969 a 1977, o índice de Laspeyres apresentou uma evolução de 25,51% nos preços.

Índice de Paasche

O índice de Paasche é um índice de preço agregativo ponderado em relação às quantidades de determinado ano. Para calculá-lo, basta usar a fórmula a seguir:

$$i_P = \frac{\sum_{i=1}^{n} P_t^i q_t^i}{\sum_{i=1}^{n} P_o^i q_t^i}$$

A partir do exemplo anterior, que contém os preços e as quantidades consumidas de vários metais não ferrosos nos anos de 1969 e 1977, para o cálculo do índice de preços de 1977 será adotado o ano-base de 1969:

Metais não ferrosos	Preços		Quantidades	
	1969	1977	1969	1977
Alumínio	17,00	27,52	1.357	2.698
Cobre	19,36	29,99	2.144	2.478
Chumbo	15,18	14,46	1.916	2.276
Estanho	99,32	96,17	161	186
Zinco	12,15	11,40	1.872	1.424

Segue a fórmula:

$$I_{t/0} = \frac{\sum_{i=1}^{n} p_t^i \cdot q_t^i}{\sum_{i=1}^{n} p_0^i \cdot q_t^i}$$

Segue a tabela:

Metais não ferrosos	Preços		Quantidades		$P_0 Q_T$	$P_T Q_T$
	1969 = P_0	1977 = P_T	1969 = Q_0	1977 = Q_T		
Alumínio	17,00	27,52	1.357	2.698	45.866,00	74.248,96
Cobre	19,36	29,99	2.144	2.478	47.974,08	74.315,22
Chumbo	15,18	14,46	1.916	2.276	34.549,68	32.910,96
Estanho	99,32	96,17	161	186	18.473,52	17.887,62
Zinco	12,15	11,40	1.872	1.424	17.301,60	16.233,60
					164.164,88	215.596,36

O resultado dos cálculos:

$$I_{t/0} = \frac{215.596,36}{164.164,88} = 1,33133$$

Ou seja, de 1969 a 1977, o índice de Paasche apresentou uma evolução de 31,33% nos preços.

Índice ideal de Fisher

O índice ideal de Fisher é a média geométrica dos índices de Laspeyres e Paasche. Para calculá-lo, basta usar a fórmula a seguir:

$$I_F = \sqrt{I_L \cdot I_P} = \sqrt{\frac{\sum_{i=1}^{n} p_t^i \cdot q_o^i}{\sum_{i=1}^{n} p_o^i \cdot q_o^i} \cdot \frac{\sum_{i=1}^{n} p_t^i \cdot q_t^i}{\sum_{i=1}^{n} p_o^i \cdot q_t^i}}$$

A partir do exemplo anterior, que contém os preços e as quantidades consumidas de vários metais não ferrosos nos anos de 1969 e 1977, para o cálculo do índice de preços de 1977 será adotado o ano-base de 1969:

Metais não ferrosos	Preços		Quantidades	
	1969	1977	1969	1977
Alumínio	17,00	27,52	1.357	2.698
Cobre	19,36	29,99	2.144	2.478
Chumbo	15,18	14,46	1.916	2.276
Estanho	99,32	96,17	161	186
Zinco	12,15	11,40	1.872	1.424

Seguem os cálculos:

$$I_F = \sqrt{I_L \cdot I_P} = \sqrt{\frac{\sum_{i=1}^{n} p_t^i \cdot q_o^i}{\sum_{i=1}^{n} p_o^i \cdot q_o^i} \cdot \frac{\sum_{i=1}^{n} p_t^i \cdot q_t^i}{\sum_{i=1}^{n} p_o^i \cdot q_t^i}}$$

$$I_F = \sqrt{\frac{166.172,73}{132.397,04} \times \frac{215.596,36}{164.164,88}} = \sqrt{1,2551 \times 1,3133} = \sqrt{1,6483} = 1,2839$$

Ou seja, de 1969 a 1977, o índice de Fisher apresentou uma evolução de 28,39% nos preços.

Número-índice de quantidades

Todas as fórmulas de cálculo de um número-índice de preços podem ser facilmente modificadas para obtenção de números-índice de quantidades. Para tal, basta substituir p por q:

$$\text{média aritmética simples dos índices de quantidades relativas} = \frac{\sum \frac{q_t}{q_o}}{N}$$

Nessas fórmulas, os preços serão usados como pesos:

$$\text{índice de quantidades de Laspeyres} = \frac{\sum_{i=1}^{n} p_t^i \cdot q_o^i}{\sum_{i=1}^{n} p_o^i \cdot q_o^i}$$

$$\text{índice de quantidades de Paasche} = \frac{\sum_{i=1}^{n} q_t^i \cdot p_t^i}{\sum_{i=1}^{n} q_0^i \cdot p_y^i}$$

Entretanto, é possível usar quaisquer outros pesos mais convenientes.

Deflação de séries temporais

Ainda que os salários individuais estejam crescendo ao longo de um período, os salários reais podem estar declinando devido ao aumento dos preços relativos, o que dá causa à diminuição do poder aquisitivo.

Os salários reais podem ser obtidos mediante a divisão dos salários aparentes dos vários anos por números-índice de preços desses anos; é preciso ainda adotar um período-base adequado.

EXEMPLO

Se o salário de um professor, em 2005, equivale a 150% do salário de 2000, esse profissional obteve um aumento de 50%. No entanto, se – no mesmo período (em 2005) – o índice de preços ao consumidor dobrou, o salário real do professor passou a ser de apenas 150/2 = 75% do que era em 2000.

Série de números-índice

Normalmente, uma série de números-índice é apresentada da seguinte forma:

Período	Salário (em R$)	IPC-base 1994 = 100
1993	1.200,00	97,2
1994	1.250,00	100,0
1995	1.265,00	104,2
1996	1.272,00	109,8
1997	1.340,00	116,3
1998	1.420,00	121,3
1999	1.460,00	125,3
2000	1.500,00	133,1
2001	1.600,00	147,7

Vale observar que há um período considerado como base; o índice desse período é 100; os meses seguintes são calculados com base no resultado desse índice – calculado e multiplicado pelo valor do período-base, que é 100.

Contudo, os números-índice apresentados dessa forma são valores abstratos, sem unidade de medida.

Nesse sentido, os números-índice servem apenas para medir a evolução de um período para outro, por meio da comparação entre esses números.

Inflação e deflação

Para saber a evolução do IPC de 2000 em relação a 1995, é preciso identificar a evolução do número-índice em 2000, com IPC = 133,1; em 1995, com IPC = 104,2 – de 104,2 para 133,1, período em que o IPC aumentou 27,74%. Acrescente-se, ainda, que o fator de correção do IPC de 1995 para 2000 é a razão entre os dois números-índice, ou seja, 133,1/104,2 = 1,2774.

Para inflacionar um valor de 1995 para 2000 com a mesma evolução do IPC, será preciso multiplicar esse valor pelo fator de conversão. Portanto, para que o valor de R$ 1.000,00, em 1995, tivesse o mesmo poder de compra em 2000, com base na evolução do IPC, deveria ter o valor de R$ 1.000,00 × 1,2774, ou seja, R$ 1.227,40.

Deflacionar um valor é fazer o caminho inverso. Assim, para deflacionar um valor de 2000 para 1995, será preciso dividir esse valor pelo fator de correção, ou seja, 1,2774.

Considere-se, por exemplo, que o salário médio pago por uma empresa e a série do IPC evoluíram, no mesmo período, conforme a tabela:

Período	Salário (em R$)	IPC-base 1994 = 100
1993	1.200,00	97,2
1994	1.250,00	100,0
1995	1.265,00	104,2
1996	1.272,00	109,8
1997	1.340,00	116,3
1998	1.420,00	121,3
1999	1.460,00	125,3
2000	1.500,00	133,1
2001	1.600,00	147,7

Qual seria o salário médio pago por essa empresa para cada ano, a preços de 1993, com base nessa série de IPC?

Se os valores dos salários para cada ano são conhecidos, para calcular os salários de 1994 a 2001, a preços de 1993, será necessário determinar, para cada ano, o fator de correção em relação a 1993.

O próximo passo será dividir os salários de 1994 a 2001 por esse fator. O resultado, então, será o salário daquele ano, a preços de 1993.

Para o ano de 1999, o fator de correção, pelo IPC, é igual a:

$$125,3 : 97,2 = 1,2891$$

Portanto, para obter o salário de 1999, ou seja, R$ 1.460,00, a preços de 1993, deve-se dividir esse salário pelo fator de correção.

O salário de 1999, a preços de 1993, é igual a:

$$1.460,00 : 1,2891 = R\$\ 1.132,58$$

Logo, apesar dos reajustes salariais, o poder de compra daquele (de 1999) é menor que o poder de compra deste (de 1993, que é R$ 1.200,00).

Segue a tabela com os salários de cada ano já calculados a preços de 1993:

Período	Salário (em R$)	IPC-base 1994 = 100	Salário a preços de 1993
1993	1.200,00	97,2	1.200,00
1994	1.250,00	100,0	1.215,00
1995	1.265,00	104,2	1.180,02
1996	1.272,00	109,8	1.126,03
1997	1.340,00	116,3	1.119,93
1998	1.420,00	121,3	1.137,87
1999	1.460,00	125,3	1.132,58
2000	1.500,00	133,1	1.095,42
2001	1.600,00	147,7	1.052,95

Bibliografia

BUSSAB, Wilton de O.; MORETTIN, Pedro A. *Estatística básica*. 5. ed. São Paulo: Saraiva, 2002.

FONSECA, Jairo Simon de; MARTINS, Gilberto de Andrade. *Curso de estatística*. 3. ed. São Paulo: Atlas, 1992.

LAPONI, Juan Carlos. *Estatística usando Excel*. 4. ed. Rio de Janeiro: Campus, 2001.

LEVIN, Jack; FOX, James Alan. *Estatística para ciências humanas*. 9. ed. Tradução de Alfredo Alves de Farias. São Paulo: Prentice Hall, 2004.

MEYER, Paul L. *Probabilidade*: aplicações à estatística. Tradução de Ruy de C. B. Lourenço Filho. Rio de Janeiro: Livros Técnicos e Científicos, 1978.

MILONE, Giuseppe. *Estatística*: geral e aplicada. São Paulo: Pioneira Thomson Learning, 2004.

Sobre o autor

Alexandre Alves de Seabra é mestre em gestão empresarial pela Escola Brasileira de Administração Pública e de Empresas da Fundação Getulio Vargas, estatístico pela Escola Nacional de Ciências Estatísticas. Sua experiência profissional de 34 anos na FGV inclui a elaboração e a definição metodológica de índices de preços calculados pela FGV, o planejamento, o controle e a coordenação de pesquisas, docência em cursos de administração, economia, ciências contábeis e cursos de pós-graduação, além da autoria de diversos artigos. Responsável pela FGV junto ao Conselho Regional de Estatística (CONRE2).

Este livro foi impresso nas oficinas gráficas da Editora Vozes Ltda.,
Rua Frei Luís, 100 – Petrópolis, RJ.